Mi hermano eXtra-especial

Mi hermano eXtra-especial

Cómo querer, comprender,
y estar orgulloso de
un hermano con
necesidades especiales

por
Carly Heyman

Ilustrado por
Stephanie Conley

ISBN-10: 0-9727865-4-6
ISBN-13: 978-0-9727865-4-6
Tapas duras ISBN-10: 0-9727865-5-4
Tapas duras ISBN-13: 978- 0-9727865-5-3

Fotografía de la portada y fotografías en páginas
65 y 93 por Warren Bond Photography

Diseño del libro y de las tapas por
Martha Nichols/aMuse Productions
Colorado, USA

Impreso por
Lightning Source
La Vergne, TN
USA

El papel contiene un 20% de fibras
recicladas y se ajusta a los estándares
nacionales para un producto
reciclado.

www.myextraspecialsibling.com

Los beneficios obtenidos con la venta de este libro se destinarán a los niños y familias con Síndrome X Frágil. La Asociación X Frágil de Georgia es una organización sin ánimo de lucro 501(c)(3), y las donaciones reducen impuestos.

*Traducción al español realizada (a partes iguales)
por las hermanas:*
    Marta Ramos-Cáceres
    María Ramos-Cáceres
    Cristina Ramos-Cáceres

Traducción revisada por su padre:
    Feliciano J. Ramos, MD PhD

Zaragoza, España 2006 ©

Para todos los niños afortunados que han sido bendecidos con un hermano o hermana con necesidades especiales.

Marta (16), Cristina (14), y María (14) Ramos-Cáceres

Las Tres Translators

En 2004, durante la Conferencia de la NFXF, me fijé en un curioso libro y lo cogí para ojearlo. Al poco tiempo me di cuenta de que merecía la pena que se tradujera al español. Pregunté a los autores y me dieron permiso para traducirlo y me lo llevé (me lo regalaron) a España. Tras volver, me olvidé del libro hasta varios meses después, sin haber traducido una sola línea.

Entonces se me ocurrió que mis tres hijas mayores, Marta, María y Cristina, nacidas en FIladelfia durante mi estancia como becario postdoctoral en Genética en el Hospital Infantil, podrían ayudarme. Les pregunté si podían hacerlo y para mi sorpresa, aceptaron gustosas. Decidieron dividir el libro en tres partes iguales y cada una traduciría la suya. Cristina se encargó además de la traducción de las ilustraciones. En los meses siguientes, de vez en cuando les preguntaba cómo iba la traducción, y ellas me contestaban "¡va, papá, va!".

Finalmente, a principios de Julio de 2006, el libro estaba traducido y listo para que yo lo revisara. Tras una semana, por fin, el libro estaba listo para llevarlo a la Reunión de la NFXF en Atlanta. El resto, como se dice vulgarmente, es historia.

Feliciano J. Ramos

Indice

Preámbulo: ¿ Por qué escribí este libro ? xi

Prólogo xiii

Agradecimientos eXtra especiales xv

Un aviso a mis lectores xvii

Los diez mandamientos de Carly para ser
    un hermano o hermana eXtra especial ... xix

¿ Qué hace a Scott tan especial ? 1

La conferencia sobre sindrome X Frágil 3

Una llamada de atención 5

Momentos embarazosos 7

Quiérelo pase lo que pase 11

"Hola, mi nombre es Scott" 13

¡Nos vamos a hacer esquí acuático! 19

Aquel día tan "especial" 23

Mi momento "copia" favorito 25

Bailando toda la noche 29

Viaje por carretera 33

Ese radar especial 35

Disfrutando de las pequeñas
   cosas de la vida 37

El día de la Graduación 39

Trabajando juntos 43

Mensajes de Scott 45

Conclusión 47

eXtras

Preguntas que me hacen a menudo 49
   ¿ Tiene Scott un aspecto "raro" ? 49
   ¿ Puede Scott andar, o va en silla de ruedas ? 49
   ¿ Podrá Scott conducir algún día ? 49
   ¿ Va Scott al colegio ? 49
   ¿ Tiene novia Scott ? ¿ Se casará algún día ? 50
   ¿ Qué clase de apoyo va a necesitar Scott a
      medida que crezca ? 50
   ¿ Sabe Scott que tiene el Síndrome X Frágil ? 51
   ¿ Alguna vez has pensado que a Scott le prestan
      más atención porque es especial ? 52
   ¿ Alguna vez te has preguntado cómo
      hubiera sido Scott si no tuviera X Frágil ? 52
   ¿ Alguna vez has deseado que Scott
      no hubiera tenido X Frágil ? 53

¿ Sabías qué... ? La Dra. Stephanie Sherman responde a tus preguntas sobre cuestiones técnicas del Síndrome X Frágil 55

    ¿ Qué es el Síndrome X Frágil ? 55

    ¿ Qué es un trastorno genético ? 55

    ¿ Cuáles son otros trastornos genéticos ? 55

    ¿ Qué es una discapacidad mental ? 56

    ¿ Es muy frecuente el Síndrome X Frágil ? 56

    ¿ Qué es un portador o portadora ? 56

    ¿ Qué es una premutación ? 57

    ¿ Cuáles son las estadísticas sobre los hermanos ? . . . 57

    ¿ Cuál es la expectativa de vida de una persona que tiene el Síndrome X Frágil ? 58

    ¿ Hay cura para el Síndrome X Frágil ? 58

    ¿ Se puede "contigiar" el Síndrome X Frágil ? 58

    ¿ Cuáles son esas necesidades especiales ? 58

Recursos 59

    Fuentes para más información sobre el X Frágil 59

    Organizaciones que trabajan con niños con necesidades especiales 60

    Material impreso y lugares de información en internet 62

Album de fotos 63

Hojas de actividades 78

Preámbulo: Por qué escribí este libro

Carly Heyman

Nunca soñé que iba a escribir un libro, pero gracias a Scott me he sentido inspirada para intentar ayudar a otros disfrutar una mejor relación con sus hermanos o hermanas especiales.

Vivir con un hermano con necesidades especiales no es siempre fácil. En mi caso, he tenido dieciséis fantásticos años de práctica, y me gusta pensar en mi misma como una hermana experta en X Frágil.

En este libro comparto "historias personales de Scott", algunos momentos embarazosos, otros emotivos, otros serios, y otros simplemente muy divertidos.

Espero que estas "historias de Scott" te ayuden a apreciar algunos momentos por ti mismo y puedas tener un punto de vista más positivo de tu relación con tu hermano que antes de leer este libro.

Mi objetivo es ayudarte a sentirte mejor sabiendo que hay otras familias en otra parte que están viviendo una experiencia muy parecida.

Así que bienvenido a mi mundo. Te enseñaré como superar los malos ratos y celebrar los buenos momentos. Os contaré historias reales, incluyendo los buenos y malos momentos. Escribí este libro para inspirarte a querer a tu hermano o hermana incondicionalmente porque ese cariño especial os ayudará a los dos a crecer como buenas personas.

Espero que también entiendas que criarse con un miembro de la familia que necesita cuidados especiales nos prepara para los retos de la vida. Si aprendes a aceptar, comprender y tener paciencia la vida será mucho más fácil. Si puedes tomarte las cosas con sentido del humor te divertirás más.

Tu situación puede ser distinta a la de otros, ¡ pero, oye chico, compartimos más cosas de las que crees !

Prólogo

Desde que nuestros hijos eran pequeños, Carly y su hermano mayor, Jared, han sido muy importantes para Scott. Le han querido por encima de todo pero, como todos los niños, han tenido momentos malos por sus diferencias.

Podemos decir que este libro trata sobre un viaje que comienza aceptando sus debilidades y termina mejorando su individualidad.

Un profesor de bachiller le recomendó a Carly escribir un libro sobre su experiencia de vivir con un hermano con el Síndrome X Frágil.

Mientras lo escribía, a veces se emocionaba y otras veces se sentía frustrada pensando en las palabras que debía usar; éste proyecto era muy personal para ella. La animábamos porque pensábamos que el libro ayudaría a otras personas. Nosotros -sus padres- no pudimos leer el libro hasta un mes antes de su publicación. Cuando lo hicimos nos reímos y lloramos, y celebramos su publicación sintiéndonos orgullosos de lo que significaba ser una familia.

Este libro es una labor de amor puro. Sin embargo, no trata sólo del amor que una hermana pequeña siente por su hermano "eXtra especial"- también habla de los sentimientos y de la lucha de todos los chicos y chicas jóvenes con cosas que tienen que ver con su propia aceptación, comprensión, y amor hacia sus hermanos o hermanas.

Estamos inmensamente orgullosos de nuestra hija. Tenemos la esperanza de que el mensaje de este libro sirva para abrir puertas entre hermanos y que el orgullo, la alegría, y el cariño que Carly comparte con Scott, sea la inspiración para ti y para tu familia.

Gail y Lyons Heyman
Enero 2003

Reconocimientos eXtra especiales

En primer lugar quiero dar las gracias a la estrella principal de este libro — mi hermano Scott Henry Heyman. Scott es una de las personas más divertidas e impresionantes que conozco y me gustaría darle gracias por ser como es. No hubiera escrito este libro si no hubiera sido por él.

Y no debo olvidar de agradecer a mi hermano mayor, Jared, quien me ha enseñado tanto sobre la vida. Le admiro mucho y le veo como el mejor modelo a seguir. Jared nos acostumbró a cómo los hermanos deben quererse y respetarse unos a otros y simplemente intenté seguir sus pasos. Sé que está contento con el trabajo que he hecho con el libro — pero a veces protesta diciéndome que él también quiere un libro que se titule "Jared y yo".

Por supuesto, ninguno de nosotros estaríamos aquí si no fuera por Papá y Mamá. Nuestros padres siempre han querido, ayudado y comprendido a sus tres hijos; son realmente extraordinarios. Debo a mis padres todo lo que soy. Me guiaron por la vida de la manera más maravillosa, y les estoy agradecida por haberme ayudado a ser quien soy. ¡Tengo suerte de tener unos padres "eXtra especiales".

Además de a mi familia más cercana, agradezco también al resto de mi familia, increíblemente cercana y extensa — me considero muy afortunada de tener un apoyo tan cariñoso. En primer lugar, le doy las gracias a mis abuelos: abuela Betty y abuelito Leon y a Nana y Poppy; después, a mis maravillosos tíos y tías: tía Liz y tío Bobby, tía Karen y tío Steven, tía Janet y tío Sam, tía Debbie y tío Scott, y tía Donna y tío David; y, por supuesto, a mis primos más queridos y divertidos: Adam, Mindy, Sherri, Jeffery, Blair, Alan, Todd, Michael, Laura y Lindsay.

Una de nuestros mejores amigas Stephanie Conley ha contribuido mucho en este libro. Desde que jugábamos juntas al softball cuando éramos niñas, ambas hemos mantenido una relación muy estrecha. Ella ha ilustrado magníficamente este libro recordando algunos momentos divertidos. ¡Gracias por todo, Stephanie!

También doy las gracias a mis amigos – viejos y nuevos amigos – que me han inspirado y ayudado a escribir este libro: a mi profesora de inglés de primero de bachiller, Sra. Lee, por encargar a sus alumnos una redacción sobre Genética; ésto me animó a escribir un libro sobre Scott; a Robyn Spizman, por ser mi mentor motivador número uno, y porque su actitud tan positiva y su apoyo me han servido de mucho mientras escribía este libro; a Evie Sacks, a Linda Frysh, a Jeffrey Cohen, a la Dra. Vickie Fedele, Karen Shelnutt, Ava Wilensky, y Candace Paetzhold por las horas empleadas revisando el manuscrito.

También agradezco a mis dos mejores amigos, Rachel y Matt, porque siempre han estado disponibles para escucharme y animarme, no sólo cuando escribía este libro, sino durante toda mi vida. Nuestra amistad es excelente y me alegro mucho de ello.

Agradezco también a la Dra. Stephanie Sherman y a Stephen Warren por sus investigaciones en el Departamento de Genética Médica de la Universidad de Emory; a Robby Miller de la Fundación Nacional del X Frágil de Estados Unidos; a Katie Clapp de la fundación FRAXA; a Jerrie Paschal de ARC Cobb (Asociación de Ciudadanos con Discapacidad Mental); y a CeCe Pressly de los Juegos Olímpicos Especiales de Georgia.

Además, este libro no habría sido posible sin la indispensable asistencia técnica y dirección de Julia Houk de Lightning Source, Martha Nichols de Producciones aMuse; de un fotógrafo excepcional, Warren Bond; y de Jeff Davis de la radio WSB por su colaboración para producir este libro en video.

No hay espacio suficiente para nombrar a muchos de los profesores, entrenadores, amigos y miembros de mi familia a los que debo mucha gratitud por el apoyo y cariño que me han dado durante los primeros diecisiete años de mi vida. Vosotros sabéis quienes sois, y realmente aprecio todo lo que habéis hecho por mí.

Un aviso para mis lectores

Mi nombre es Carly y tengo un hermano eXtra especial llamado Scott. Mi relación con Scott es por sangre — pero ambos somos buenos amigos por elección propia. Soy su asesora en el vestir, su motivadora, su portavoz y, sobre todo, su mayor admiradora.

Veo a mi hermano como un pequeño regalo de Dios. De acuerdo, vivir con las necesidades especiales de Scott es a veces difícil, pero Scott da a mi vida algo que nadie ha podido darme jamás.

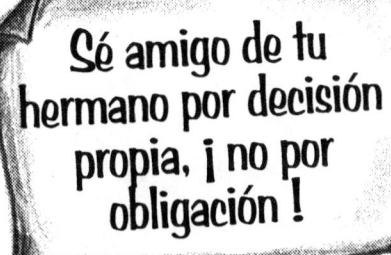

Sé amigo de tu hermano por decisión propia, ¡ no por obligación !

Tener en la familia alguien con necesidades especiales es una enorme responsabilidad, pero si tienes una actitud positiva y un gran sentido del humor, las responsabilidades pueden transformarse en grandes satisfacciones de la vida. Cualquier persona que vive con un hermano o hermana con necesidades especiales sabe que hay dificultades, pero me gustaría enseñaros que también puede haber momentos gratificantes. Ellos tienen mucho que ofrecer y es nuestra obligación reconocer la cantidad de cosas buenas dan para una relación de amistad. Darles cariño y pasar el tiempo con ellos es más que divertido — y puede enseñarnos lecciones importantes.

Me siento afortunada de haber crecido con un hermano mayor tan especial, y espero abrir vuestros ojos para que podáis ver lo afortunados que sois también.

Haz de tus responsabilidades tus placeres

Los diez mandamientos de Carly para ser un hermano o hermana eXtra especial

1. Sé comprensivo con las necesidades especiales de tu hermano o hermana.
2. Busca tiempo para acercarte a tu hermano o hermana.
3. Disfruta de los buenos momentos y aprende de los malos.
4. Trata de olvidar los momentos embarazosos y sigue adelante.
5. Sé optimista y disfruta de las pequeñas cosas de la vida.
6. Acepta las habilidades y debilidades de tu hermano o hermana.
7. No tengas miedo de enfrentarte al problema de tu hermano o hermana.
8. Anima a tu hermano o hermana a ser amigo de tus amigos.
9. Ayuda a tus padres cuando sea posible.
10. Y lo más importante, ¡ demuestra a tu hermano o hermana lo mucho que le/la quieres !

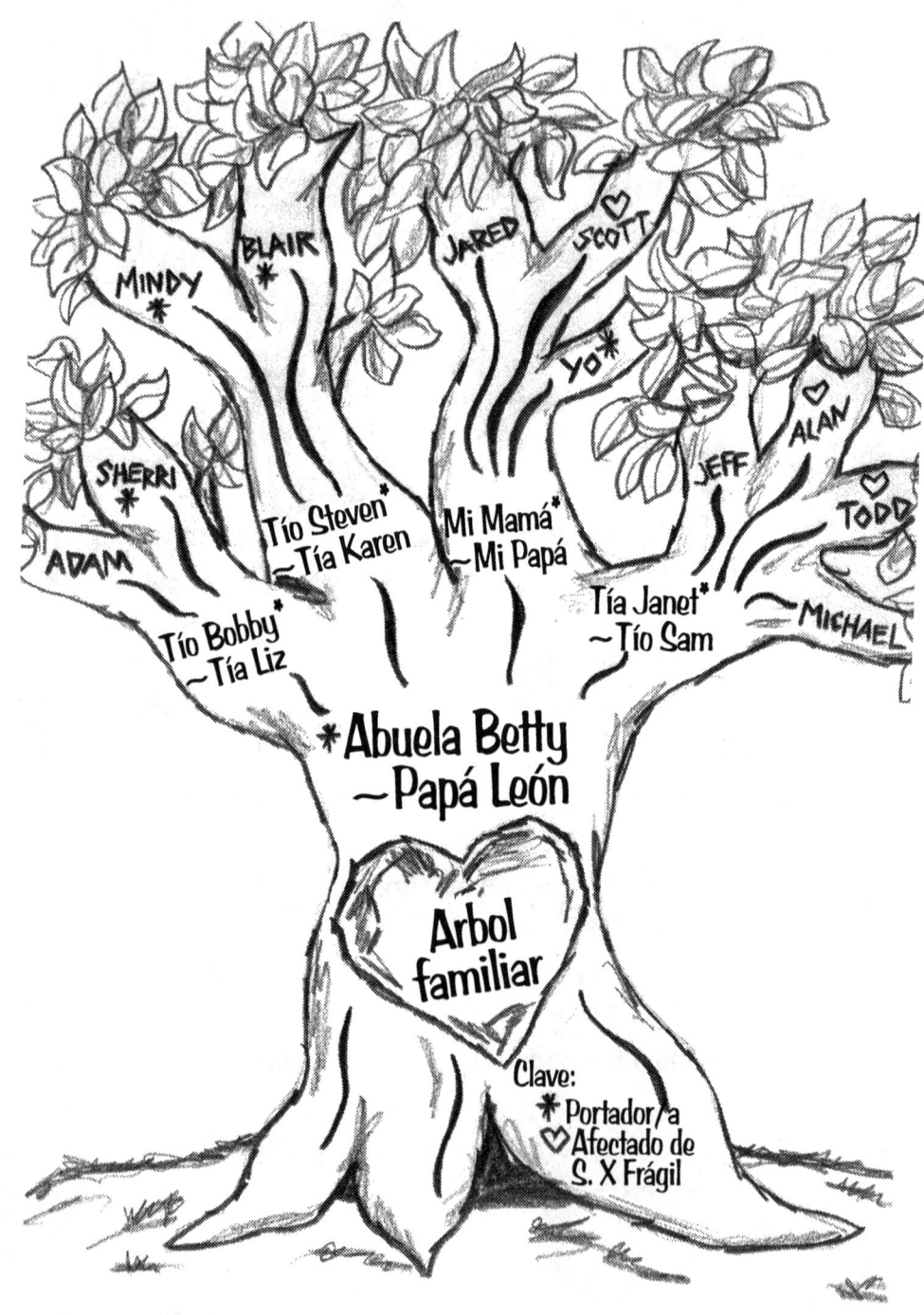

¿ Qué hace a Scott tan especial ?

Scott fue diagnosticado de Síndrome X Frágil en 1989, cuando los científicos todavía estaban investigando sobre el gen que causaba esta anomalía. Yo tenía entonces 4 años, y Scott tenía nueve. Nadie en mi familia había oído hablar del X Frágil, y desconocíamos las discapacidades que provocaba, así que este descubrimiento nos dejó "petrificados". De todas maneras, mis padres, el resto de mi familia y mis amigos sabían que algo no era normal en Scott. Era hiperactivo, emitía sonidos raros y tenía muchas dificultades para comunicarse.

Mis padres estaban desorientados y buscaron respuestas, pero nada encajaba. Llegaron a pensar que Scott era sordo porque nunca podían conseguir que atendiera. Le hicieron una prueba de audición, pero no encontraron nada anormal.

Después de nueve años frustrantes, mis padres finalmente obtuvieron algunas respuestas. Un día los médicos nos dijeron que Scott tenía el Síndrome X Frágil, que provocaba retraso mental y que podía afectar y alterar su vida — y la nuestra — para siempre.

Poco después de que diagnosticaran a Scott, mi familia y yo nos hicimos la prueba del X Frágil. Parece ser que el gen procedía de mi abuela materna (quiero dejar claro de que ella no tenía ninguna culpa de ser portadora de ese gen) y había sido transmitido de generación en generación hasta que llegó a Scott. Los doctores nos explicaron que el cromosoma afectado había sido transmitido a sus cuatro hijos, y a través de ellos, a sus siete nietos. Tres de sus nietos manifestaron el gen alterado, lo que significaba que estaban afectados psicológica y mentalmente por el Síndrome X Frágil; por otro lado, las cuatro nietas son portadoras del gen, es decir que lo tienen pero no manifiestan síntomas del Síndrome.

La conferencia del Síndrome X Frágil

Cuando yo tenía 4 años, mis padres me dijeron que Scott tenía un problema mental llamado "cromosoma X Frágil". En esa edad tan temprana, quizás pensé "Vale, lo que sea...!" y luego preguntaba, ¿ qué hay de comer ? Yo acepté lo que me dijeron mis padres pero realmente no lo entendía. Yo sabía que Scott tenía algo raro, pero que no tenía mucha importancia.

A medida que crecía empecé a notar que Scott era distinto a otros niños. Su hiperactividad y su comportamiento inapropiado le hacía muy difícil de manejar y finalmente se quedó fuera del grupo de amigos.

Muchas veces me daba vergüenza cuando se comportaba mal en público. Aunque me enfadaba, intentaba recordar lo que me habían dicho mis padres: "Scott no siempre puede controlar la forma en la que actúa, y aún así debes quererle como si no pasara nada".

Admito que para mí era difícil entender esos conceptos llamados aceptación y paciencia. Sin embargo, viviendo con Scott y aprendiendo de la actitud positiva de mis padres, creo que ahora soy una mejor persona. He aprendido estas lecciones de la vida de muchos formas, pero de todas ellas, Scott ha sido mi mejor profesor.

Mirando atrás, agradezco que se me informara de las discapacidades de Scott desde muy pequeña. Mi familia nunca se mostró avergonzada de su problema — al revés, hicieron que el X Frágil pareciese la cosa más "chula" del mundo. Mis padres me dijeron a su modo que era un problema serio, pero positivo. Poco a poco y con naturalidad me hicieron saber que Scott era distinto del resto de los niños, pero que seguía siendo mi hermano mayor. Aunque ya me habían hablado sobre el X Frágil cuando yo era una pre-escolar, hasta mucho después no fui consciente de su verdadero significado y de cómo ha afectado mi vida.

> **Recuerda:**
> **¡ quiere a Scott pase lo que pase !**

> **Aprende a aceptar y a tener paciencia**

Una llamada de atención

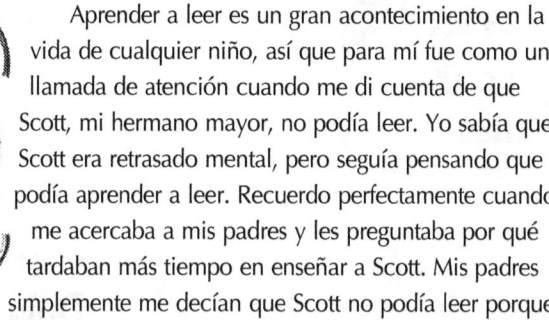

Aprender a leer es un gran acontecimiento en la vida de cualquier niño, así que para mí fue como una llamada de atención cuando me di cuenta de que Scott, mi hermano mayor, no podía leer. Yo sabía que Scott era retrasado mental, pero seguía pensando que podía aprender a leer. Recuerdo perfectamente cuando me acercaba a mis padres y les preguntaba por qué tardaban más tiempo en enseñar a Scott. Mis padres simplemente me decían que Scott no podía leer porque su cerebro no funcionaba normalmente. Mi otro hermano mayor, Jared, podía leer, y entonces yo pensaba "¿ por qué Scott no puede leer ?" y desde ese mismo momento me propuse enseñarle yo. ¿ Sería muy difícil conseguirlo ?

¡ Lo averigüé muy pronto ! Después de muchas lecciones no había hecho ningún progreso. Scott podría frustrarse, y por lo tanto podría pasarme a mí lo mismo, y entonces Scott abandonaría. Quizás mi entusiasmo en enseñar a leer a Scott nacía de mi necesidad de verle como a un chico normal. En casi todas las familias el hermano o hermana mayor es el que va más avanzado, ¿ por qué en mi familia no podía ser igual ? En una edad con mucha ingenuidad, yo me negaba a aceptar las limitaciones de Scott. Reconocer defectos en alguien que amas es difícil, pero es una importante virtud que hay que desarrollar. No hubiese sido justo con Scott - ni conmigo misma - si yo hubiese seguido insistiendo para que aprendiera a leer. Scott me enseñó la importancia de aceptar las debilidades de los demás. Scott y yo hemos convertido la lectura en una actividad con la que disfrutamos mutuamente de la compañía del otro.

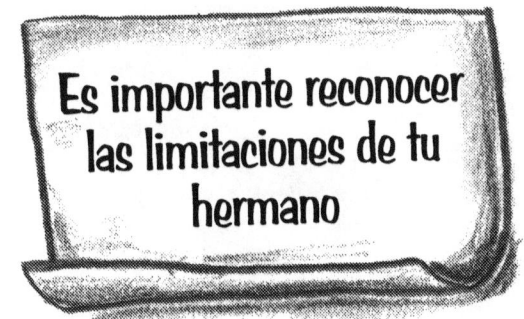

Es importante reconocer las limitaciones de tu hermano

Yo le leo a Scott los menús de los restaurantes, las revistas y las cartas que le llegan por correo. Estoy orgullosa de que muchas veces Scott me busque a mí antes que a nadie para leer algo (mi hermano Jared podría discutirmelo, ¡ pero es porque está celoso de que haya sido yo la elegida para ese honor !).

Mi hermano eXtra especial

Acepta las debilidades de los demás

Aunque Scott no puede coger una revista juvenil y leer las ultimas noticias, sí que puede identificar palabras que le suenan de haberlas visto una y otra vez. Me gusta pensar que la selección de palabras que hace Scott representan sus prioridades en la vida. Por ejemplo, Scott puede reconocer palabras como "Carly", "Texas" (donde Jared fue a la Universidad), o "Wheeler "- su tan querido Instituto -. Siempre que veo a Scott leyendo, le digo lo orgullosa que estoy de él, ¡ y cada vez que me recompensa con una encantadora sonrisa de las suyas, ya me alegra el día !

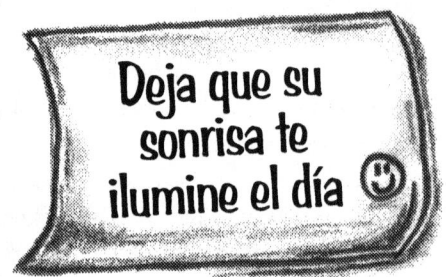

Deja que su sonrisa te ilumine el día

Momentos embarazosos

Ha habido muchos momentos embarazosos para mí cuando Scott y yo éramos más pequeños. Un ejemplo típico ocurría en el supermercado. A veces mi madre y yo estábamos ocupadas con algo y, sin querer, nos pasábamos a otro pasillo olvidando decirle a Scott hacia dónde íbamos. Cuando Scott se daba cuenta de que no estábamos a su lado, le daba un arrebato, gritando y llorando porque no nos podría encontrar. Yo no le podía echar la culpa de que se asustara, pero resultaba muy difícil controlar su comportamiento tan alterado. Los otros clientes le miraban extrañados porque no entendían que un adolescente tuviera una rabieta como si fuera un niño pequeño.

Esto era duro para mí. Odiaba que la gente se quedara mirando fijamente a Scott, aún sabiendo que era sin mala intención. En momentos como esos, me hubiera gustado que la gente supiera que Scott tenía el Síndrome X Frágil – y que éso justificaba su comportamiento. Les hubiera querido explicar por qué actuaba como un niño pequeño, pero no podía. Me di cuenta de que a esa gente probablemente ni les importara por qué Scott se comportaba de forma extraña. Sólo lo veían como a un ser diferente, y por eso les llamaba la atención.

Cuando mi madre decía que íbamos a ir al supermercado o a otro sitio público, yo a veces temblaba de miedo, anticipando que íbamos a tener una escena. Recuerdo muchas veces que salíamos de casa felices y pensando que iba a ser un inocente paseo para comprar comida, y luego volvíamos avergonzados porque mi hermano mayor se había echado a llorar en mitad del pasillo de los cereales. No es que esté orgullosa de ese

Aprende a manejar las áreas de tranquilidad de tu hermano y sus límites

sentimiento, pero me imagino que forma parte del hecho de crecer con un hermano que necesita cuidados especiales. Yo tenía 10 años y ya sabía comportarme en público, pero Scott tenía 15 y se comportaba como si tuviese 5. Para una niña de mi edad era algo muy difícil de entender, pero yo hacía lo que podía, y no siempre resultaba una tarea agradable.

A medida que he ido creciendo, he aprendido más cosas sobre las zonas de seguridad y las limitaciones de Scott, y de cómo manejarlas. Si la situación del supermercado te ha pasado a ti también, quizás te venga bien lo que te voy a decir. He aprendido que a Scott no le gusta estar fuera de casa durante mucho tiempo. Normalmente se aburre, se pone impertinente y luego se siente frustrado, lo que le hace tener una rabieta. Como he pasado por ésto muchas veces, me he dado cuenta de que Scott se comporta mejor en salidas más breves. En vez de estar en el supermercado durante una hora, mi madre y yo hemos aprendido a hacer los recados en menos tiempo, como por ejemplo yendo a por leche a la tienda de la gasolinera más cercana a casa.

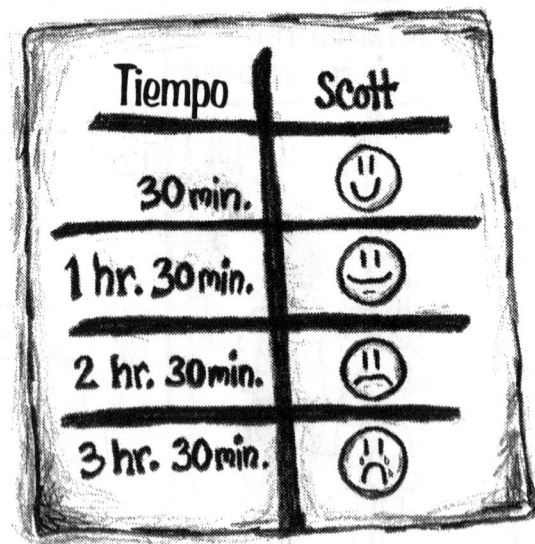

Enseñar a nuestros hermanos afectados a salir de casa — que es su zona de seguridad — es fundamental para que se sientan más cómodos en público. Salir y experimentar el mundo exterior es una parte divertida de la vida de la que no debemos privar a nuestros hermanos especiales. Por lo tanto, cuando estés fuera de casa, intenta asegurarte de que tu hermano o hermana esta siempre cerca de ti. Nuestros hermanos se distraen mucho, y sería horrible que se perdieran.

También me he percatado de que, a medida que sacamos más a Scott, es más fácil para él salir de casa. Al principio era siempre un suplicio apartarlo de la televisión, pero a medida que íbamos animándolo a salir, se sentía más confiado. Sé que puedes pensar que algunas de estas preocupaciones son responsabilidad de los padres, pero como por edad estamos más cerca de nuestro hermano o hermana; creo que podríamos ser mucho más eficaces cuando les enseñemos a enfrentarse a los retos que se le presentan cada día.

Otra muy buena forma de ayudar a tu hermano o hermana afectado cuando sale fuera de casa, es invitarle a hacer una de tus propias actividades. Por ejemplo, yo juego de lanzadora de pelota en beisbol y a todos – incluyéndome a mí - les encanta que Scott venga a verme jugar. Aparte de que salir y socializar sea bueno para Scott, a mí también me da la oportunidad de disfrutar de su compañía.

Scott es el mejor recogepelotas de mi colegio. Corre a coger las pelotas que se salen del campo más rápido que cualquier otro. Me encanta que mi hermano esté allí conmigo, es mi seguidor número uno, cuando tengo partido. Cada vez que voy a lanzar la pelota, le oigo gritar, "¡Venga, mi niña!" (mi mote). Escuchando la voz más alta y entusiasta de las gradas me hace sentir la jugadora más feliz del campo.

Ánimo
Lazos
Cuidado
Amor
Sonrisa
Apoyo
Confianza

Quererle pase lo que pase

El lema de nuestra familia es "quererle pase lo que pase". Muchas veces Scott me pone en ridículo o me impide participar en algunas actividades, pero le seguiré queriendo pase lo que pase. Incluso cuando la familia no puede ir a esquiar porque a Scott no le gusta el clima frío, le seguimos queriendo. Aunque no pueda leer, o acordarse de afeitarse, o contar hasta veinte, o conducir un coche, o escribir un mensaje en el móvil, él sigue siendo mi hermano mayor, y siempre le querré.

En otras palabras, aunque tu hermano o hermana te ponga en ridículo en público o delante de tus amigos, quiérele pase lo que pase. ¡ Si tienen una rabieta, respira hondo e intenta superarlo ! Todos tenemos nuestros malos momentos. Solo les durará unos minutos, y hay cosas más importantes en la vida. En vez de eso, concéntrate más en los momentos felices que hayas compartido. Sé que él siente las miradas de la gente que no le comprenden, pero es un pequeño precio que hay que pagar por seres queridos eXtra- especiales.

Incluso he notado que es mejor si estoy tranquila cuando mi hermano empieza a rabiar. Asustarse o intentar esconderse, o sentir vergüenza de tu hermano o hermana en este tipo de situaciones nunca es bueno. Si ellos se enfadan y tu te avergüenzas, la situación sólo puede empeorar. Todos actuamos de una manera extraña o fuera de control algunas veces - no pasa nada - hay que seguir adelante.

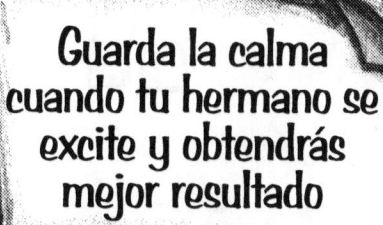

"Hola, mi nombre es Scott"

"Hola, mi nombre es Scott". ¿ Verdad que suena como una frase muy simple ?, pero para Scott no es tan fácil. Pero, ¿ por qué él no lo puede decir ? ¿ Por qué Scott no puede mirar a alguien a los ojos y presentarse correctamente ? Presentar a Scott a nuevos amigos ha sido siempre una parte interesante de mi vida. Os diré cómo he manejado las "presentaciones de Scott" desde el comienzo hasta el final, y espero que os sirva de algo.

Cuando yo tenía siete años más o menos, ni me molestaba en intentar que mis amigos entendieran que mi hermano era especial. Siempre iba con él y decía, como si no pasara nada, "éste es mi hermano mayor, Scott". Para la mayoría de los hermanos eso sería suficiente y no habría más preguntas. Sin embargo, con Scott, eso era un gran reto.

Recuerdo perfectamente muchas veces cuando íbamos andando desde casa hasta el colegio con un nuevo amigo y encontrábamos a Scott haciendo algo raro, como hablando él solo mientras jugaba al baloncesto fuera. A mí no me importaba mucho, pero mi nuevo amigo se sentía incómodo, le echaba un mirada de extrañeza, y luego se volvía hacia mí para preguntarme cosas.

Me sentía responsable de lo que podían pensar mis amigos e intentaba explicarles el comportamiento de mi hermano. No quería asustarles o que ellos pensaran que yo tampoco era normal, simplemente porque mi hermano no parecía normal.

Mi hermano eXtra especial

> **No dejes que tu hermano o hermana te limite**

Después de esta primera pobre impresión empezaba con mi rollo de siempre: "sí, mi hermano es algo diferente; tiene algo llamado Síndrome X Frágil." Casi siempre la respuesta era, "Vale, pero, ¿ qué es éso ?" Aunque he crecido con él, yo apenas entendía el término X Frágil. ¿ Cómo podía esperar que otro niño de siete años entendiese este Síndrome tan complicado ?

Muchas veces intentaba explicarlo diciendo: "El X Frágil es una forma de deficiencia mental", pero cuando ésto no era suficiente, decía que su cerebro funcionaba de otra manera, que Scott nació con ese Síndrome y por eso se comportaba de forma más infantil. Siempre había tanto que explicar, y a esa edad yo sólo quería jugar. Pero sentí que era mi responsabilidad darle a mis amigos una respuesta razonable que pudiesen entender.

Después, cuando tenía unos once años, me di cuenta de que era mejor explicar a la gente el retraso de Scott antes de que lo conocieran en persona. Algunos amigos ya conocían otros niños que necesitaban cuidados especiales, pero la mayoría no. Para mí siempre era todo mucho más fácil cuando un amigo

> **Responde a las preguntas que te hagan tus amigos sobre tu hermano o hermana**

tenía experiencia con personas con necesidades especiales, en caso contrario, sabía que tenía que ser paciente. A veces algún amigo me hablaba de alguien que conocía y necesitaba cuidados especiales, pero normalmente los problemas que me contaban eran totalmente diferentes del los del X Frágil. Creedme, me han hablado de enfermedades bastante graves pero que no tienen nada que ver con el Síndrome X Frágil.

Con la mayoría de mis amigos, que no tenían ni idea de retraso mental, tenía que empezar la historia otra vez desde el principio. Después de mi explicación, las preguntas empezaban: ¿ puede hablar ?, ¿ puede leer ?, ¿ puede andar ?. No sé cuántas veces he contestado las mismas preguntas, pero a medida que me hago mayor soy más paciente y me apetece más explicarlo. Cuanto más abiertamente compartía y contestaba esas preguntas, mejor era el resultado. Si cuando les contestaba me veían entusiasmada y positiva – y cómoda -, mis amigos estaban incluso más augusto. Sin embargo, he de advertirte que durante los años del Instituto, los chicos tendían a convertirse en personas que criticaban y se les notaba con menos ganas de aceptar a otros tipos de personas. Creedme –hay que elegir a los amigos con sensatez.

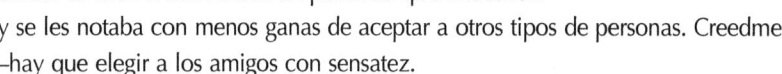

Aunque cada vez me hace más ilusión presentar a Scott a otras personas, muchas veces soñaba que él era normal y se presentaba él solo. La vida podía haber sido mucho más fácil, pero, - ¡ ehh ! - ésto la hace divertida, ¿ verdad ?. A veces era difícil, pero eso nunca me impidió invitar a mis amigos. Empezaba con lo típico: Scott … X Frágil … cuidados especiales … discapacidad mental … etc. Afortunadamente, cuando tengan mi edad, la mayoría de ellos estarán acostumbrados al vocabulario especial para personas con necesidades especiales.

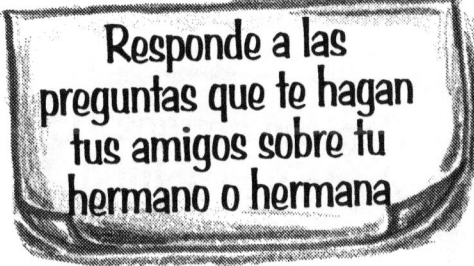

Preguntas

1. ¿sabe leer Scott?
2. ¿qué es el Síndrome X Frágil?
3. ¿hace Scott sonidos raros?
4. ¿puede Scott seguir o entender nuestra conversación?
5. ¿en qué es Scott diferente o especial?

El resto de la conversación depende generalmente de la reacción de mis amigos. Si respondían con un: "no hay problema", cambiamos de tema. Sin embargo, si empiezan a preguntar, entonces la "presentación de Scott" continua algo así como: "Sí, Scott puede hablar…; no, él no puede leer…; Scott tiene la capacidad mental de un niño de tercer grado…; no, él no necesita una silla de ruedas…; Scott no es un discapacitado psíquico para nada y se parece a la mayoría de los chicos".

Luego hacía una pequeña pausa por si había alguna pregunta más – y generalmente la había -: ¿ Qué es lo que exactamente le hace diferente ? Personalmente creo que esa pregunta es la más difícil de responder. Lo quiero tanto que a veces simplemente no quiero hablar de sus puntos débiles. En broma, a veces les digo: "¡ Sal con él y verás … !"; pero siempre les explico que Scott hace cosas raras inesperadas, no puede mantener una conversación hasta el final, y no puede explicar sus sentimientos claramente.

Eso generalmente es suficiente, pero con mis amigos que estudian Ciencias las preguntas continúan: ¿ De dónde viene esto ?. Yo contesto lo mejor que puedo y sonrío. Intento ser paciente y me satisface educar a mis amigos en las materias que no conocen y en las que soy una experta.

> **Con tus amigos, adopta una actitud positiva con tu hermano o hermana**

Yo encuentro que mi actitud hacia Scott influye favorablemente en la forma que le tratan mis amigos. Os pongo un ejemplo. Si me avergonzase o me diera pena de Scott, mi nuevo amigo tendría inmediatamente una opinión negativa de mí; sin embargo, si me ven actuar como si fuese el chico más guay – que lo es -mis amigos hasta le pueden contar chistes. Ver a mi hermano socializar con mis amigos me hace sentir bien. Pero mis amigos, por diferentes razones, en general no suelen conectar de inmediato con Scott, lo que incluso es normal. He descubierto que, cuanto más tiempo pasamos en la Residencia Herman, más tiempo tienen para conectar con Scott y ser sus amigos.

"Hola, mi nombre es Scott"

Cuando finalmente termino mi "presentación de Scott", siempre digo a mis amigos lo divertido que de verdad es Scott. Yo digo que es un chico genial y asombroso, y una persona simpática con la que se puede estar. Les cuento que a Scott le gusta jugar continuamente a pequeños juegos con la gente y que nunca se cansa. Les animo, por ejemplo, a que inventen sus propios apodos (motes) para Scott, quien entonces le querrá para siempre. Algunos apodos tontos han pasado de año en año, incluyendo "Búster", "Tío Scott", "Buba", o, el mejor, "Cabeza de carne". Generalmente solíamos terminar la presentación con estos apodos para acabar con algo divertido.

¡¡ Nos vamos a hacer esquí acuático !!

Recuerdo vivamente uno de los "momentos Scott" más felices. Era temprano, una típica mañana de verano en nuestra casa familiar junto al lago Lanier. Una de las actividades que más nos gustaba a la familia era hacer esquí acuático. Aprendí a hacer esquí acuático a los siete años, y he crecido viendo a mi hermano normal practicar esquí acuático, pero para Scott era diferente. Scott había intentado hacer esquí acuático durante varios años pero sin éxito. Tenía la corazonada de que esa mañana de domingo iba a ser particularmente feliz.

Eran las ocho de la mañana. El agua estaba lisa y clara como el cristal, y la temperatura era ideal. Yo estaba sentada a un extremo del barco, mi padre estaba en el asiento del conductor, y Scott estaba en el agua agarrándose fuertemente a la cuerda. Como siempre, una vez que estaba listo para intentar levantarse, Scott gritaba, "¡ dale caña, papá !" hasta que finalmente se mantuvo firme en sus esquís. Aquella fue una de las mejores mañanas que habíamos pasado.

La enorme sonrisa que Scott tenía en su cara confirmaba su felicidad y orgullo en el increíble acontecimiento. Como véis, mi familia es muy activa en actividades físicas, y nos gusta hacer deportes como escalada, senderismo y ciclismo. Siempre supe que Scott podría hacer estas actividades, pero honestamente no me imaginaba que pudiese hacer esquí. Observando como salía del agua y viendo esa sonrisa en su cara sentí una agradable sensación que no olvidaré jamás. Mi padre parecía que nunca tenía dudas, y siempre animaba a Scott. Y si tenía dudas, se las callaba (lo cual es una buena lección para los papás cuando su hijo está intentando hacer algo nuevo). A menudo me gusta recordar aquella imagen y volver a sentir lo orgullosa que estoy de mi hermano mayor. Esas horas de coraje en el agua eran realmente impensables.

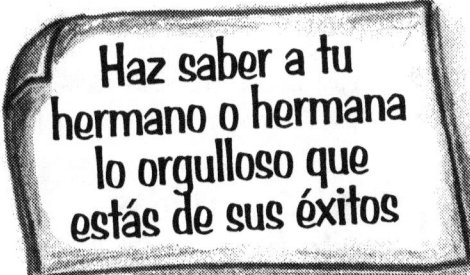

Haz saber a tu hermano o hermana lo orgulloso que estás de sus éxitos

No hace mucho, estábamos en el lago y Scott tenía la oportunidad de presumir ante mis amigos de cómo hacía esquí acuático. Mis amigos estaban

Mi hermano eXtra especial

muy impresionados. Yo estaba resplandeciente de alegría y Scott brillaba como una superestrella. He aquí un hecho: ¡ no hay nada mejor que un Scott contento !

La verdad es que Scott nos sorprende constantemente con sus habilidades. Así que recuerda: nunca hay que darse por vencido con tu hermano o hermana con necesidades especiales y nunca subestimes sus habilidades.

Todos sabemos que sus necesidades son diferentes, pero éso no significa que no podamos animarles a conseguirlas. Un ánimo positivo y optimismo son una buena manera de motivar a Scott – y a cualquier otro – para alcanzarlas.

Pero estimular a un hermano con necesidades especiales no siempre es tan fácil como parece. Estos niños no siempre son capaces de decirte a cuánto pueden llegar y presionarles no es una buena idea. Por eso ten presente que un hermano desanimado no es capaz de pasar al nivel siguiente.

Si tienes una relación cercana con tu hermano o hermana, pasar tiempo con él o ella te puede ayudar a conocer sus virtudes y sus defectos. Cuando Scott comenzó con el esquí acuático, la estrategia de la familia había sido: sabíamos que Scott era psicológicamente fuerte y atlético y que le gustaba el agua – las cualidades perfectas. De todas maneras, sabíamos que no era muy paciente practicando una y otra vez, por lo que le costaba más aprender cosas nuevas. Por su forma de pensar, había que enseñarle con paciencia y trabajamos en el esquí acuático poco a poco durante dos veranos enteros.

¡ NUNCA te rindas con tu hermano o hermana !

¡¡ Nos vamos a hacer esquí acuático !!

Cuando se pasa tiempo juntos se crea un lazo, el cual, a su vez, crea confianza entre ellos y nosotros. De ahí que, el proceso (en nuestro caso aprender esquí acuático) puede ser igual de divertido que el resultado final (ser capaz de esquiar en el agua). Una vez que sabes los límites de tu hermano o hermana y tienes su confianza, descansa, relájate y observa sus progresos.

Pasar tiempo juntos para desarrollar un vínculo de confianza y entendimiento

Aquel día especial

"Déjame ganar, pero si no puedo ganar, déjame ser valiente en el intento".

— Juramento del atleta de los Juegos Olímpicos Especiales

Era la mañana del gran evento de levantamiento de peso en los Juegos Olímpicos Especiales de Invierno de Georgia, y aún puedo recordar que yo estaba sentada en el suelo de un caluroso y húmedo gimnasio con todos mis amigos y familia alrededor observando a mi hermano mayor con asombro. Durante un año entero, Scott había trabajado con su entrenador especial olímpico y colega, Harry. El gran día finalmente había llegado, Scott estaba muy feliz y orgulloso de sí mismo y sabía que todos estábamos allí para animarlo.

Scott sintió ese ánimo a medida que levantaba los pesos, más pesados que su propio cuerpo. Cuando emitió como un gruñido y sostuvo la barra arriba, sus ojos se llenaron de determinación – ¡ él sabía que lo podía hacer, y así lo hizo ! -. Yo estaba increíblemente contenta. Todos lo estábamos. Hasta ahora una de mis mejores sensaciones es ser capaz de compartir con mi familia y amigos el orgullo que siento por los éxitos de Scott en las Olimpiadas Especiales.

Cuando alguien nos preguntaba cómo estaba la familia, les contábamos los éxitos de Scott en las Olimpiadas Especiales con el levantamiento de peso, el golf y el baloncesto, y que siempre nos sorprendía. A Jared y a mí nos encantaba quedarnos atrás y dejar a Scott el primer puesto. Durante cinco años, Scott ha ganado once medallas de oro en levantamiento de peso, una en golf y otra en baloncesto - impresionante ¿ verdad ?

Scott, orgulloso de sí mismo, colgó sus trece medallas de oro en su habitación para que todo el mundo las vea y las admire.

Mi otro hermano mayor, Jared, y yo siempre hemos participado en acontecimientos deportivos, y Scott siempre ha estado allí para animarnos. Ahora por fin es su turno, y el hecho de estar allí animándole era muy importante para él y para nosotros.

Mi hermano eXtra especial

Invítalo a alguna de tus actividades

Puede que tu hermano o hermana con necesidades especiales no pueda practicar ningún deporte, pero cuando cuando lo intenten, hay que apoyarles de todas las maneras posibles. Debemos compartir con ellos lo maravilloso que nos parece que se interesen por algo o tengan una habilidad en particular.

Hay que empezar a involucrarse en actos como las Olimpiadas Especiales anuales o simplemente mostrando interés en sus aficiones, lo que les ayuda ayuda a relacionarse y estar activos. Quizás no obtengan las mismas medallas que Scott con las Olimpiadas Especiales, pero no debes olvidar premiarle por el esfuerzo realizado, incluso si sólo han ganado una partida de ajedrez con un miembro de la familia o han lanzando bien una pelota.

Mi momento favorito de imitadora

Recuerdo lo frustrada que me sentí cuando me di cuenta que Scott no sabía leer. Yo era consciente de que Scott tenía físicamente 10 años, pero no entendía que mentalmente estuviese atascado en los 5 años. Es importante conocer el nivel de tu hermano o hermana y aceptarlo, en vez de intentar cambiar la realidad. Siendo paciente y aceptándolo harás que tu hermano o hermana se sienta cómodo en vez de estúpido. Hazle saber que tú le entiendes y que le quieres a pesar de lo que puedan o no hacer. Hay que decirles que son los mejores, los más inteligentes, o los más guapos del mundo.

> Dile a tu hermano o hermana que no te importa lo que pueda hacer o no – que a pesar de ello le/la quieres

A veces es difícil apreciar que Scott está madurando –¡ sucede tan despacio ! -. Nunca te rindas con tu hermano o hermana o pienses que "nunca crecerá". Lo harán y lo hacen; sólo que tardan un poco. Por ejemplo, cuando Scott era más pequeño, no parecía que le importase mucho nada porque no podía expresar sus sentimientos muy bien. A pesar de todo, Scott ha crecido, ha aprendido a mostrar su cariño por su perro, por su colegio, y, sobre todo, por su programa favorito de televisión.

En ocasiones, los signos de madurez aparecen en los lugares más inesperados. Cuando nuestro primo Neal se graduó en bachillerato, organizamos una fiesta de graduación en su honor. Era una típica fiesta con mucha comida, bebida y gente – las cosas iban tan bien.

> No pienses que tu hermano o hermana nunca va a madurar

Mi hermano eXtra especial

Cuando nos preparábamos para irnos, firmé con prisa en el libro de invitados cerca de la puerta. Escribí:

> Neal,
> Congratulations! It is so cool that you are going to college now, can't wait to visit you!
> — cousin Carly

[Neal,
¡ Enhorabuena ! Es muy guay que ahora vayas a ir a la Universidad !, ¡ estoy ya impaciente por ir a verte !

Tu prima Carly]

Cuando lo terminé de escribir, le pasé el bolígrafo a la persona que tenía a mi lado, sin prestar atención quién era. ¡ Era Scott ! Hasta ahora Scott no sabía leer o escribir, entonces ¿ por qué había estado esperando por ese bolígrafo ? Pero antes de marcharnos, Scott me tocó en el hombro y señaló al libro de invitados con una gran sonrisa. Con la caligrafía de primer grado de Scott leí:

> Neal Congratwlations It is so cool that you are goign to coleg e now Can't wait to visit you!
> Causin scott Heyman

[Neal,
¡ Enhorabuena ! Es muy guay que ahora vayas a ir a la Universidad !,¡ estoy ya impaciente por ir a verte !

Tu primo Scott Heyman]

Cuando leí esta frase mi corazón se aceleró. Esta simple frase podrá no significar mucho para la mayoría de la gente, pero lo significó todo para mí. Expresaba el amor de Scott, su inteligencia, su confianza, y su madurez. Scott

Mi momento favorito de imitadora

copió la frase por muchas razones. La primera, él quería comunicar su amor y mostrar su alegría por lo que había logrado su primo. La segunda, Scott quería participar en la celebración como el resto de nosotros. Nadie le dijo que escribiera nada. Era lo suficientemente inteligente como para saber que éso era una manera con la que él podía expresar su enhorabuena. Scott confió en que cualquier cosa que yo hubiese escrito sería apropiada también para él. Lo más importante es que esta frase representa el progreso de Scott. En vez de no participar, encontró así su propia manera de expresarse. Cuando señaló al libro de invitados con esa sonrisa de éxito en su cara, él sabía que había hecho algo increíble, y que yo estaba muy contenta de poder compartirlo con él.

Tuve un gran sensación de felicidad con aquel momento "copia". A la mayoría de la gente esta frase le habría parecido poco original, pero para mí fue fantástica porque me mostraba el desarrollo de mi hermano.

Bailando toda la noche

Como Scott podía estar en el colegio hasta cumplir los 21 años, pasó tres años de senior, todos ellos muy emotivos para él. Durante el segundo año de senior, Scott, como muchos otros estudiantes, quería asistir a la fiesta de fin de curso de su promoción. Él sabía lo que pasaba, y quería ser parte de ello por encima de todo.

Mientras mis padres hacían planes, escuché a mi madre decir al teléfono que estaba algo preocupada porque Scott y los otros alumnos con necesidades especiales podrían sentirse intimidados o apabullados en la fiesta. Como hermana pequeña que soy, me presenté voluntaria para ir con Scott y sus amigos a la fiesta. Me llevé a una buena amiga mía que conocía a Scott y a sus amigos. En ocasiones como ésta, es mejor que tú acompañes a tu hermano o hermana, y no tus padres. Nunca he conocido a ningunos padres que hayan acompañado a su hijo o hija a la fiesta de fin de curso de su promoción, ¿ y tú ?

Pensé que molaba mucho que una novata como yo fuera a la fiesta de fin de curso de juniors/senoirs y, lo que era más importante, yo no quería que Scott se sintiera intimidado. Le pregunté a Scott si le importaba que yo le acompañase, y él simplemente asintió con la cabeza e hizo un gesto de alivio.

La noche de fiesta se iba acercando, y después de hacernos cientos de fotos en nuestra casa, la limusina vino a recogernos a los pequeños. Yo pensaba que tendría que estar pendiente de Scott y sus amigos para estar segura de que se sintieran contentos y cómodos. Yo asumía que los otros estudiantes de la promoción ignorarían a estos chicos y seguirían bailando como si nada. Había visto como Scott se relacionaba con otros adolescentes de su colegio y durante algunos partidos de baloncesto y rugby, y como él había sido durante cuatro años el encargado del equipo universitario femenino de baloncesto, había visto siempre a los estudiantes de Wheeler ser amables con Scott y sonreirle. Pero yo

Mi hermano eXtra especial

Que sepas que otras personas también quieren a tu hermano o hermana.

pensaba que ésto era todo lo que se iban a relacionar con él.

Scott no saltó a la pista de baile hasta que no comprobó la sincera emoción en los ojos de los otros estudiantes, y entonces fue cuando me di cuenta de lo que esos chicos realmente le querían. Scott estaba deslumbrante esa noche, no sólo en mis ojos, si no también en los de su clase entera. Fue un sentimiento de lo más emocionante darme cuenta de que yo no era la única que disfrutaba de su compañía. Quería que todo el mundo supiese que yo era la hermana pequeña de Scott. Aunque no fuera capaz de leer tan bien como la mayoría de sus compañeros, ¡ él podía bailar con los mejores !.

Scott disfruta y admira mucho a sus compañeros, pero siempre habrá un sitio especial en su corazón para sus amigos "especiales". A Scott le encanta salir y practicar deportes con esos otros amigos, incluyendo a Russell y a Paul. Estos tres chicos son muy amigos y muy activos.

Les encanta ir a jugar a los bolos, al baloncesto, al golf, ver la tele, o simplemente estar un rato por la casa, como otros adolescentes. Scott, Russell y Paul puede que no mantengan conversaciones muy filosóficas, pero sí comparten una gran amistad.

Es un placer ver como Scott se relaciona con sus amigos normales y con sus amigos especiales. Le

Bailando toda la noche

gustan y aprecia a los dos grupos a pesar que se relacionen de forma diferente. Tu hermano o hermana puede relacionarse de diferentes maneras. Sea cual sea, hay que estimularlos a que se relacionen con otra gente de su edad; les hace la vida más divertida. Aparte de Russell y Paul, Scott tiene otros dos amigos con necesidades especiales llamados Allan y Todd, que además son nuestros primos. Al resto de los primos y a mí nos encanta estar con los tres, y todos nos llevamos extraordinariamente bien. Es genial contar con el apoyo de tu familia, y tanto Scott como yo sabemos lo importante que es. ¡ No hay nada mejor que una reunión familiar con tres chicos eXtra especiales !

Viaje por carretera

Como ya sabeis, tener un hermano con necesidades especiales puede ser muy divertido. Me encanta pasar mi tiempo libre con Scott, y de alguna manera él me entretiene haciendo cosas de lo más divertidas. Siempre me río más que nadie con Scott. Un día llevé a Scott y Russell a la Universidad de Georgia en Athens para bailar con sus amigos. Durante la hora y media que estuve conduciendo, me estaba aburriendo y necesitaba un poco de entretenimiento. Scott se dio cuenta de mi aburrimiento y pensó que sería divertido subir y bajar las ventanas cada vez que viéramos el cartel de Athens. Bueno, a medida que nos acercábamos a nuestro destino había más jaleo en el coche. Era un pasatiempo un poco tonto, pero como a ellos les gusta la rutina y la repetición, a nadie le importó. Ese fue uno de los momentos especiales que recuerdo y que compartí con Scott.

He aprendido que el juego más simple es el que hace la experiencia más divertida. Uno de las cosas buenas de estar con Scott es que puedo expresar mi parte "loca" - algo que guardo y que espero nunca perder.

> **Guarda celosamente vuestra relación especial**

Ese radar especial

Algunas veces, la gente tiene dudas sobre quién es más mayor, Scott o yo. Puede resultar difícil o embarazoso ser físicamente más joven pero intelectualmente más madura. En mi caso, soy la bebé de la familia y la única hija- una posición en la que he crecido y aprendido a amar. Después de todo tengo dos hermanos mayores que me cuidan y me han dado todo tipo de atenciones. Aunque muchas veces mi "radar especial" me dice que el papel de hermana mayor es cuidar de Scott cuando lo necesita.

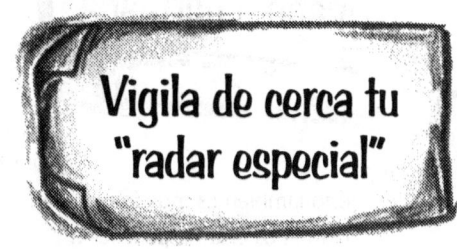

Vigila de cerca tu "radar especial"

Las personas que necesitan cuidados especiales están como "atrapados" en edades diferentes y en aspectos distintos de sus vidas. Por ejemplo, Scott tiene físicamente 21 años, académicamente 8, y unos 12 años desde el punto de vista social. ¡ Caray ! Eso puede sonar un poco fuerte, o incluso directo, pero éso es lo que hay, y tenerlo en cuenta me ayuda.

Ese conflicto de edades puede apreciarse en distintos lugares, como por ejemplo en un restaurante. Si me siento al lado de Scott cuando salimos fuera a cenar sé que es mi responsabilidad ayudarle a que pida. Muchas veces me doy cuenta de que Scott se avergüenza porque no entiende lo que dice el menú, entonces se lo leo o lo leo en voz alta para mí misma. Esto hace que se sienta más cómodo, como inteligente…, como lo que es. He intentado reconocer, aceptar y querer todas las edades de Scott, incluso cuando no fuera apropiado para mí.

Como hermanos de personas con necesidades especiales, también necesitamos aceptar las edades funcionales de nuestros hermanos o hermanas y darnos cuenta de somos de las pocas personas que verdaderamente entendemos este conflicto de edades. En vez de frustrarte cuando no actúan conforme a su edad, hazles saber que tú les vas a ayudar siendo amable con ellos. Estate atento a sus necesidades y mantén siempre tu "radar especial" funcionando el mayor tiempo posible - ése es el secreto del éxito. Y ésto también es muy importante: ¡ Los hermanos eXtra especiales necesitan hermanos eXtra especiales !.

Disfrutando de las pequeñas cosas de la vida

Hay muchas cosas en la vida que puedo hacer y Scott no. Leer, conducir y bucear son tres cosas que ahora me vienen a la cabeza. De todas maneras hay cosas que Scott ha hecho y yo no, y eso me hace feliz. Por ejemplo, el primer trabajo que tuvo Scott fue de monitor en el campamento Barney Medintz. Durante años, Scott ha trabajado duro allí - recogiendo la basura, limpiando las mesas y ayudando a preparar la comida para todo el campamento. Estas tareas fueron difíciles para él, pero Scott las hacía divinamente. Yo no le creía capaz de tener un oficio, pero Scott nos ha demostrado a mí, a sí mismo y, sobre todo, a su familia y amigos que se ha convertido en un trabajador eficaz y capaz.

Miro a Scott y le respeto inmensamente por haberse convertido en un trabajador y en una persona más independiente. Esto me ha enseñado que es una buena idea que tus hermanos intenten realizar actividades que normalmente no harían. En nuestra casa, los éxitos de Scott en el comedor del campamento los celebramos ¡ como si le hubieran elegido Presidente de los Estados Unidos ! Aunque haya conseguido menos cosas que la mayoría, como familia consideramos una prioridad celebrar todos y cada uno de los logros de Scott.

Incluso si tu hermano o hermana sólo hace cosas que a otros les parecen triviales o poco importantes, no dejes que éso te desanime a ver sus logros como acontecimientos importantes en su vida - porque éso es lo que son. Sé que mucha gente piensa que trabajar en un campamento tirando la basura y

Mi hermano eXtra especial

limpiando mesas no es tan grandioso, pero para mí lo es. Cuando Scott hace cosas que yo aún no he experimentado, le hago saber lo impresionada y contenta que estoy.

El día de la graduación

Sábado, 25 de Mayo: ¡ Uahuuh ! Nunca olvidaré ese día –La graduación de Scott en el Instituto Heyman. ¡ Enhorabuena ! Tras haber terminado siete años increíbles en el Instituto Wheeler, Scott se merecía una gran celebración, y fue éso exactamente lo que tuvo.

Scott tenía la experiencia ideal de un Instituto. Todas la mañanas se preparaba, iba hasta la parada del autobús, iba hacia la clase de siempre, aprendía con y de las caras que le resultaban familiares, socializaba con sus compañeros, y volvía a su confortable casa. Los días de instituto de Scott eran predecibles y ordinarios, exactamente la manera como le gustan a él las cosas.

El Instituto Wheeler era su mundo, y las palabras no pueden expresar la importancia que eso tenía. Su graduación era un día señalado en nuestro calendario, una ocasión que nunca podremos olvidar. Scott no se graduará en la Universidad y probablemente no se casará ni tendrá hijos como la mayoría de la gente que conocemos. Así que es importante que nosotros, como familia, reconozcamos como fundamentales todos los acontecimientos importantes en la vida de Scott, como la graduación. Inmediatamente después de la Presentación, tuvimos una gran fiesta en nuestra casa. Sólo los amigos más cercanos y queridos de Scott – ¡ 100 personas ! – fueron invitados, y casi todos acudieron.

En un momento dado de la fiesta, yo estaba hablando con uno de nuestros invitados y me

Hay que celebrar sus grandes momentos de una forma grande.

di cuenta de que todo el mundo me estaba buscando porque Scott quería que yo saliese al jardín. Fui al porche para ver qué pasaba. Y allí estaba, el chico de la graduación, relajándose en una silla que estaba en el césped con sus amigos más cercanos rodeándole. Era una escena preciosa para contemplar - Scott radiante de alegría -. El me pidió que le trajese un vaso de agua de la cocina, pero estaba claro que agua no era lo que de verdad quería. Lo único que quería es que estuviese cerca de él y hacerme saber lo orgulloso que estaba de sí mismo.

Scott tiene unas formas especiales de comunicar sus sentimientos, y por ser su hermana pequeña y más cercana suelo darme cuenta de lo que verdaderamente quiere. Sé que Scott nunca diría, " Carly, ven a celebrar esta magnífica noche conmigo ", pero llamándome desde el otro extremo de la casa, es éso exactamente lo que comunica. Entonces entendí su petición, coger el vaso de agua, y me quedé con él y con sus amigos hasta que estuviese listo para seguir. Quizás era que habíamos compartido el mismo cuarto de baño toda nuestra vida o a lo mejor era sólo intuición de hermana, pero ese momento hizo que me diese cuenta de lo especiales y próximos que eran nuestros lazos.

Aprende a "leerle el pensamiento" a tu hermano o hermana

Por supuesto, todos los hermanos tenemos unos ciertos lazos naturales. Sentirse cercano y ser parte de la vida de alguien crea un nivel de confianza y comprensión, que es como un don especial. Yo os recomiendo desarrollar esos lazos naturales y acercaros incluso más a ellos. Cuanto más cercanos os lleguéis a sentir desde pequeños, es más probable que ambos os apoyeis el resto de vuestra vida.

El hecho de "llevarle aquel vaso" demostraba que había una fuerte conexión entre Scott y yo. Si en vez de llevárselo, me hubiese sentido molesta por haber ido detrás de él por toda la casa sin motivo aparente, hubiese perdido esa oportunidad de unión. Desde un punto de vista negativo, yo hubiese podido interpretar lo que me pedía como una tontería, pero, en vez de

El día de la graduación

éso, respondí basándome en mi instinto de comprensión hacia Scott. Como él no es capaz de expresar sus sentimientos tan claramente como otros, tuve que aprender a "interpretar" a mi hermano y traducir sus sentimientos.

Piénsate bien si debes responder de forma indolente o negativa a los gestos o peticiones raras de tu hermano o hermana. Procura mantener una actitud positiva y entiende que ellos tienen menos recursos que tú para comunicarse. Como hermanos, deberíamos estar siempre disponibles para ellos. Nuestros hermanos y hermanas especiales nos buscan para que les demos confianza y apoyo, lo que es tan importante para su tranquilidad y felicidad. Scott era el centro de atención de todos esa noche y él lo sabía. Él resplandece en mis ojos todos los días, pero en la noche de Graduación, era una superestrella delante de todos sus amigos y familia.

Que tu hermano o hermana se entere de que puedes confiar en el/ella

Durante los días previos al gran acontecimiento, me puse a pensar sobre qué significaba la graduación para Scott y lo comparaba con lo que significaba para mí. Para Scott, la graduación probablemente sólo significara una gran fiesta y quizás el temor de tener que cambiar su rutina. Yo no creo que entienda su futuro o las consecuencias futuras de lo que hoy va a pasar.

Para mí, la graduación de Scott representaba uno de los logros más importantes y un paso vital en su avance para llegar a ser una persona más independiente. De todas formas, Scott nunca llegará a ser totalmente independiente, así que tendré que ayudarle todos los días - mucho más que un hermano normal -. Aunque probablemente he pensado en ésto antes, ahora lo comprendo mucho mejor. Sé que aún no soy del todo consciente de mi responsabilidad hacia Scott, pero por lo menos ahora me doy más cuenta de ello. Y como quiero tanto a Scott, estoy más que dispuesta a estar ahí para él — en todo.

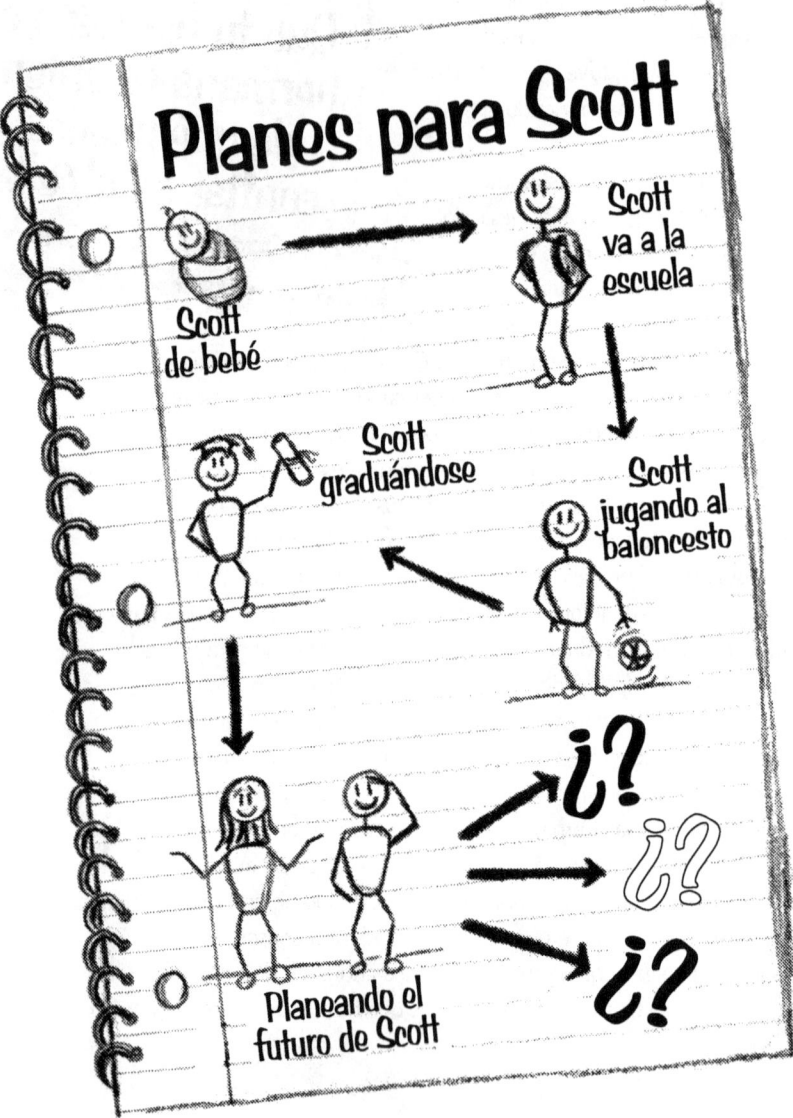

Trabajando juntos

Scott ya se ha graduado en el Instituto Wheeler, ¿ y ahora qué ? A diferencia de mi hermano Jared y yo — y de casi todos los chicos y chicas que conocemos — Scott no irá a la Universidad. ¡ Vaya !. Pero mi familia ha pensado mucho y durante mucho tiempo en otras alternativas positivas para la vida de Scott.

Como Scott no es capaz de decirnos exactamente cómo se siente ni qué le gusta o le disgusta, es difícil planear lo siguiente que va a hacer. Mi madre, mi padre, Jared y yo, con el resto de la familia, debemos trabajar juntos ahora para crear una vida que le guste a Scott. Afortunadamente, ya soy lo suficientemente mayor para involucrarme en este proceso. Como hermana cercana, me sentía responsable de ayudar ser feliz a Scott. Como su mejor amiga, quería que su futuro fuera perfecto; sin embargo sé que vivir una vida perfecta no es realista para ninguno de nosotros.

Admito que he estado pensando que sería mas fácil si Scott fuese un niño normal planificando su paso a la Universidad como ocurrió con mi hermano mayor, Jared, hace siete años. Pero no pasa nada; las cosas son como son. Como otras veces ha ocurrido con Scott, mantener un actitud optimista me ha ayudado a enfrentarme a este nuevo reto. Como hermanos deberemos sacrificar nuestro tiempo o cambiar nuestras prioridades para ayudar a nuestros hermanos y hermanas, pero creedme – al final merece la pena.

Mensajes de Scott

Mientras terminaba este libro, decidí preguntar a Scott si deseaba incluir algo. Obviamente él sabía que yo estaba escribiendo un libro porque me había visto pasar muchas horas delante del ordenador. Entonces Scott y yo hablamos, y me comentó algunas de sus ideas.

Lo primero que Scott me dijo era que todo el mundo debía ser amable con él y con su familia. El es consciente de la importancia de tener una familia que le apoye, y sabe que nosotros le queremos mucho.

Después, Scott quería animar a las personas con necesidades especiales salieran de casa de vez en cuando. Él recomienda " salir a jugar al fútbol (rugby) o al baloncesto porque son divertidos ". Ahora me doy cuenta de que todo el tiempo que invertimos en convencerle para que saliera había merecido la pena.

Scott también quería decirme lo duro que trabaja en su oficio y cómo ayuda a su abuelo arreglando cosas en la casa del lago. Está claro que el trabajo está presente en su mente en este momento de su vida. El trabajo obviamente está en su cabeza en esta etapa de su vida, y está orgulloso de si mismo por lo que ha conseguido. Para mí, eso significa que está captando las lecciones de la vida. De hecho, ¡ acaban de contratarlo para su primer trabajo a tiempo completo !.

Scott me dijo otra cosa muy interesante: " Cuando alguien muere, hay que saber que siempre permanecerá en tu corazón ". Luego me percaté de que era el mismo consejo que mi padre nos daba cuando alguien cercano fallecía. La sugerencia de Scott demostraba que realmente nos escucha, y que siente y trata de entender conceptos complicados, ... tu hermano o hermana con necesidades especiales también lo hará. No te olvides de compartir esas inquietudes con ellos - puedes ayudarles y ellos a ti con cualquier problema que surja en el futuro.

Conclusión

Estoy orgullosa de que hayas empleado tu tiempo leyendo este libro. Es un primer paso importante para convertirte en un super-hermano. Espero que mis historias y consejos te hayan inspirado para conocer mejor tu propia relación con tu hermano o hermana con necesidades especiales. Mucho de lo que he sugerido es mucho más fácil decirlo que hacerlo, pero estoy segura de que lo conseguirás si mantienes una actitud optimista. Recuerda que cada persona es diferente a otra y que no hay una forma buena o mala de ser un gran hermano o hermana. Simplemente sigue los dictados de tu corazón y no tengas miedo de mostrar tu cariño a tu hermano o hermana especial.

Me considero afortunada de tener a Scott como hermano. El ha moldeado mi vida ayudándome a ser una persona más paciente, comprensiva, tolerante, de mente abierta y cariñosa. Celebraré siempre las aportaciones que él ha dado a mi vida. Espero que sepas apreciar los maravillosos regalos que nuestros hermanos y hermanas ponen en nuestras vidas.

Finalmente, y es lo más importante, agradezco a Scott que sea como es. Si no hubiera sido por él, nunca hubiera tenido oportunidad de escribir este libro, quiero mucho a mi hermano Scott, y espero que seáis capaces de ver la luz con la que nuestros hermanos y hermanas especiales nos alumbran todos los días.

Preguntas

Preguntas que me suelen hacer

¿ Tiene Scott un aspecto "raro" ?

No, Scott no tiene aspecto raro. Muchos de los niños con el Síndrome X Frágil tienen características físicas distintas, tales como una cara alargada y orejas grandes y salientes ("de soplillo"). Personalmente, pienso que Scott es guapo y se parece al resto de la familia (especialmente a su papá – nota personal de los traductores).

¿ Puede Scott andar, o va en silla de ruedas ?

Si, Scott puede andar; incluso puede hasta correr, también. Scott no está físicamente discapacitado; de hecho, su preparación física le ha hecho más fuerte que sus dos hermanos. El X Frágil es una discapacidad mental, no física.

¿ Podrá Scott conducir algún día ?

No, Scott nunca podrá conducir un coche. Scott está demasiado afectado como para tomar las numerosas decisiones instantáneas necesarias para conducir un coche en carretera. Las decisiones que pueden parecer rutinarias para la gente normal pueden ser de vida o muerte para personas con necesidades especiales. Prefiero conducir yo con Scott sentado en el asiento del copiloto – donde él está muy contento –.

¿ Va Scott al colegio ?

Sí, Scott se ha graduado en nuestro Instituto público, donde hay un programa de educación especial. Scott recibía educación especial en las clases teóricas e iba a clases normales de arte, educación física, tareas caseras, horticultura, y producciones en medios de comunicación. Scott estaba siempre feliz en sus clases y disfrutaba de verdad yendo a un colegio con estudiantes de distintas procedencias. Además, a Scott le encantaba haber sido durante cuatro años el encargado del equipamiento de las mejores jugadoras del equipo universitario de baloncesto femenino del Instituto Wheeler. Como parte del equipo, siempre traía el hielo y el agua a las chicas en todos los partidos en casa y fuera de casa. Su participación en este deporte no sólo le enseñó a ser responsable, sino que mejoró sus habilidades sociales. Motivar a tu hermano o hermana a participar en actividades extracurriculares es una gran forma de introducirlos en la comunidad.

Los Colegios privados también están muy bien para niños y niñas con necesidades especiales porque tienen menos estudiantes y permite a nuestros hermanos y hermanas tener más atención por parte de sus profesores y tener menos distracciones en la clase. Es importante tener en cuenta que hay muchas opciones educativas para nuestros hermanos y hermanas con necesidades especiales.

¿ Tiene novia Scott ? ¿ Se casará algún día ?

A Scott le gustan la chicas como a cualquier otro chico; sin embargo sus relaciones con las chicas no han sido muy en serio. No estoy segura de que Scott se vaya a casar algún día. Creo que el matrimonio sería una buena posibilidad si encontrara la chica adecuada.

¿ Qué clase de apoyo va a necesitar Scott a medida que crezca ?

Está claro que Scott necesita más apoyo de su familia y amigos que la mayoría de otras personas. Por ejemplo, Scott nunca será capaz de hacer el balance de un talonario de cheques o resolver una situación de emergencia. Necesitará a alguien que le ayude para vivir de forma independiente. Además, siempre necesitará ayuda para hacer planes de salir con sus amigos; en caso contrario, y si de él dependiera, se quedaría en casa todo el día.

Mi hermano más mayor, Jared, y yo hablábamos sobre la atención adicional que Scott necesitará. Anteriormente, nuestros padres cuidaban de Scott para asegurarse de que siempre se sentía feliz y tranquilo. Sin embargo, a medida que nos vamos haciendo mayores, el bienestar de Scott será responsabilidad nuestra. Afortunadamente, Jared y yo pensamos quedarnos a vivir cerca de Scott y así seguir siendo una parte activa de su vida.

El apoyo de la familia es esencial para nuestros hermanos y hermanas eXtra-especiales; es importante que sepan que siempre estaremos allí para lo que necesiten. Aunque esto parece una responsabilidad extra, nuestros hermanos y hermanas se lo merecen.

Preguntas que me suelen hacer

¿ Sabe Scott que tiene el Síndrome X Frágil ?

La respuesta es sí, y está orgulloso de ello. La alta autoestima de Scott se la debe principalmente a mis padres. Mis padres son las raíces fuertes del árbol familiar del que han brotado tres niños estupendos. Mis padres siempre nos han ayudado, han sido cariñosos y han estado disponibles para nosotros tres.

Scott sabe que tiene el Síndrome X Frágil. Mis padres le hablaron a Scott sobre su discapacidad de tal forma que se siente el chico más afortunado y especial del mundo. Probablemente Scott no sepa qué es el Síndrome X X Frágil desde el punto de vista científico, pero sabe que lo tiene y es feliz por ello.

Hay una historia que mi familia recordará siempre con cariño. Hace varios años íbamos en el coche y Jared preguntó a mis padres sobre el X Frágil. Acababa de aprender que el X Frágil era una enfermedad genética, que estaba en los genes. Mostrando curiosidad por saber si Scott había entendido algo del tema, Jared le preguntó: "¿ qué tienes en los genes ?" Scott bajo la mirada, pensó durante un momento, y entonces contestó con orgullo "¡ ropa interior !" Ese tipo de respuestas inocentes y entrañables hacen a Scott tan especial.

Después, yo también tenía curiosidad sobre lo que Scott sabía del X Frágil. Le pregunté: "Scott, ¿ qué te hace tan especial ?". Como era de esperar, respondió con un, "X Frágil". Entonces le pregunté, "¿ pero y si yo quiero ser especial también ?". Me miró con una sonrisa y respondió, "Vete a ver a la Dra. Stephanie. Ella tiene el X Frágil, y si se lo pides amablemente, te dará un poco." Esa era la mejor respuesta que podía recibir. Me demostró que Scott estaba dispuesto a compartir conmigo la parte más importante de sí mismo – su X Frágil.

La Dra. Stephanie Sherman es una buena amiga y una investigadora de gran reputación especializada en el Síndrome X Frágil en la Facultad de Medicina de la Universidad de Emory. Ella ha trabajado con nosotros y nos ha ayudado a aprender sobre X Frágil con sus investigaciones. Obviamente, Scott está muy unido a Stephanie y sabe que ella "tiene" X Frágil – quizás tanto que puede compartirlo. ¡ Le dije a Scott que su idea era muy buena !.

¿ Alguna vez has pensado que a Scott le prestan más atención porque es especial ?

Hay veces que la gente presta más atención a Scott que a mí, pero eso es porque él lo necesita. También hay ocasiones en las que yo necesito más atención por parte de mis padres, y la consigo. Siendo hermano o hermana de alguien - y especialmente si es de alguien que necesita cuidados especiales - nos enseña a ser pacientes y a compartir. Estas cualidades ayudan a mantener a la familia unida y son útiles para la vida diaria.

En vez de sentirte frustrado cuando prestan más atención a tu hermano o hermana, intenta ser paciente y saber que algún día tú también necesitarás más atención. Además, pregunta a tus padres si necesitan tu ayuda. Estoy segura de que agradecerán la oferta. Intenta ser el mejor hermano que puedas ser.

¿ Alguna vez te has preguntado cómo hubiera sido Scott si no tuviera X Frágil ?

Sí, alguna vez me he preguntado como hubiera sido, cómo se hubiera comportado o qué le habría interesado. También me he preguntado cómo hubiera sido mi vida si no tuviera a mi hermano eXtra-especial. ¿ Hubiera sentido la misma pasión por la gente con discapacidad mental o las hubiera comprendido como lo hago ahora ?

Cuando era más pequeña, pensaba que estaba mal pensar en esas cosas. Sin embargo, al hacerme mayor, he crecido, me he dado cuenta de que es natural tener curiosidad por esas cosas. Aunque aún le doy vueltas a la cabeza con esos pensamientos, siento un amor constante por Scott independientemente del aspecto que tenga o de cómo actúe. Scott es mi hermano mayor- tuviera o no tuviera X Frágil.

¿ Alguna vez has deseado que Scott no hubiera tenido X Frágil ?

Cuando era más pequeña, deseaba que Scott fuera diferente más de lo que lo deseo ahora. Algunas veces me enfadaba o me sentía frustrada con Scott simplemente porque no le entendía o no sabía cómo tratarlo. Quería que Scott fuese como mi hermano más mayor, Jared. Pensé que lo más "guay" era tener dos "verdaderos" hermanos mayores. Yo sabía que Scott era diferente y me llevaba muy bien con él, pero no ha sido hasta

Preguntas que me suelen hacer

hace poco cuando he abierto los ojos y me he dado cuenta de lo que Scott significaba para mí y de lo mucho que me ha enseñado. El hecho de que yo tenga un CI (cociente intelectual) más alto que Scott, no significa que él no me pueda enseñar un par de cosas de la vida.

Escribiendo este libro e intentando buscar las palabras adecuadas para ayudar a otra gente me ha permitido sentir el efecto poderoso que Scott ha tenido en mi vida- un efecto que antes desconocía. Espero ayudaros a apreciar muchas de las formas positivas en las que tu hermano o hermana ha influido en tu vida.

Intenta olvidarte de los momentos embarazosos y frustrantes que has experimentado con tu hermano y concéntrate en las cosas que tu hermano o hermana te hayan enseñado. Estoy segura que encontrarás más lecciones de las que creías. Por ejemplo, apuesto a que probablemente eres más tolerante con las diferencias que la mayoría de los chicos o chicas de tu edad. Seguro que no te importará hablar con diferentes tipos de personas independientemente de su aspecto físico, facilidad de palabra o incluso comportamientos extraños. Además, es más probable que seas capaz de afrontar situaciones difíciles, aprender de ellas, y seguir adelante.

Aprender a vivir con alguien con necesidades especiales nos enseña lecciones muy bonitas. Siéntete orgulloso de las lecciones que has aprendido.

X FRÁGIL

¿ Sabías qué... ?

La Dra. Stephanie Sherman contesta a tus preguntas sobre cuestiones técnicas del X Frágil

¿ Qué es el Síndrome X Frágil ?

Es un trastorno genético que produce un amplio rango de discapacidad mental, desde simples problemas de aprendizaje a retraso mental profundo. El Síndrome esta causado por un cambio en las instrucciones de un gen llamado FMR1, que está localizado en el cromosoma X. La localización de este gen y su único efecto en ese cromosoma da el nombre al Síndrome – X Frágil.

¿ Qué es un trastorno genético ?

Un trastorno genético está causado por un cambio – también llamado mutación – en un gen humano. Un gen es la unidad básica de la herencia y es transmitido de padres a hijos. Una mutación en un gen hace que el gen funcione mal. La mutación más frecuente presente en el Síndrome X Frágil hace que el gen se apague y por lo tanto no fabrica una proteína llamada FMRP, que es necesaria para la función del cerebro.

¿ Cuáles son otros trastornos genéticos ?

Otros ejemplos de trastornos genéticos producidos por una mutación en un solo gen son la fibrosis quística, la anemia drepanocítica, enfermedad de Tay Sachs, y la hemofilia. Los genes también intervienen en muchas enfermedades comunes – como en la enfermedad cardiovascular o el cáncer – pero no suelen ser la única causas de las mismas. Todo el mundo tiene entre 5 y 10 mutaciones entre los miles de genes que tenemos. A veces causan problemas, o a veces son compensados por la presencia de otros genes.

¿ Qué es una discapacidad mental ?

Discapacidad mental es un término que se utiliza para expresar una disminución en la capacidad intelectual normal de una persona. Esto puede ser producido por muchos factores distintos, tanto genéticos como medioambientales. Dependiendo de la causa, puede "parecer" muy distinto. Las personas con el Síndrome X Frágil suelen ser tener retraso mental, que significa que no adquieren las funciones del desarrollo- como sentarse, andar o hablar- a la misma edad que otros niños. Tienen problemas con el aprendizaje (la aritmética es muy difícil para ellos), con las habilidades motoras, y con aspectos concretos de la memoria. La discapacidad mental que es debida a otras causas puede ser muy distinta porque pueden estar afectadas otras partes del cerebro.

¿ Es muy frecuente el Síndrome X Frágil ?

Como el gen FMR1 está localizado en el cromosoma X, los varones están más afectados que las mujeres. Cada individuo nace con 2 cromosomas sexuales; los chicos tienen un cromosoma X y un cromosoma Y (XY), mientras que las chicas tienen dos cromosomas X (XX). Eso significa que los chicos sólo tienen una copia del gen FRM1 (porque sólo tienen un cromosoma X), y que las chicas tienen dos copias (porque tienen dos cromosomas X). Si hay una mutación en el gen de uno de esos cromosomas, causa el Síndrome en los chicos. En las chicas, sin embargo, el gen FMR1 sin mutación puede a veces enmascarar el efecto de la mutación en el otro gen. Esto pasa alrededor del 70% de las veces –lo que significa que sólo un 30% de las chicas que portan la mutación en el gen FMR1 tienen síntomas evidentes del Síndrome X Frágil. El Síndrome X Frágil aparece en uno de cada 4.000 chicos y una de cada 8.000 chicas.

¿ Qué es un portador o portadora ?

Un portador es una persona que tiene (porta) una mutación que puede dar lugar a que en futuras generaciones nazca algún niño con el Síndrome X Frágil. Los portadores o portadoras no manifiestan ningún síntoma del Síndrome.

¿ Qué es una premutación ?

Es difícil pero importante. La mutación que produce el Síndrome X Frágil es muy especial porque tiene una característica que muchas mutaciones no tienen: tiene una forma inicial que progresivamente se transforma en la mutación final que causa el Síndrome X Frágil. Esa forma inicial no causa el Síndrome X Frágil propiamente dicho, pero cuando pasa de padres a hijos, puede cambiar a la forma final de la mutación. Esa forma inicial de mutación se llama premutación. Alrededor de una de cada 300 chicas y 1 de cada 1.000 chicos tienen la premutación. Todos aquellos que tienen la forma inicial o final de la mutación del X Frágil tienen riesgo de tener un hijo o una hija con el Síndrome X Frágil. Es decir, ellos son "portadores" del Síndrome X Frágil (ver la pregunta anterior).

¿ Cuáles son las estadísticas sobre los hermanos ?

Un hermano o hermana de un individuo con el Síndrome X Frágil puede o no ser portador de la premutación (forma inicial) o de la forma final de la mutación que produce el X Frágil. El riesgo de que los hermanos o hermanas sean portadores de cualquiera de las dos formas de la mutación es de un 50%. Eso significa que su madre tiene dos cromosomas X, uno con la mutación y otro sin ella. Cada vez que la madre tenga un hijo, hay un 50% de posibilidades de transmitir el cromosoma X con la mutación y otro 50% de pasar el normal sin la mutación. No importa las veces que la madre haya pasado anteriormente la mutación que causa el X Frágil –sigue habiendo un "tira la moneda" para cada uno de los hijos que vengan después. Si la madre transmite la mutación del Síndrome X Frágil (repito, 50% de posibilidades), puede o no convertirse en la forma final. Por lo tanto, el hermano de un individuo con el X Frágil puede no ser portador de la mutación (50% de las veces) o puede ser portador de la premutación o de la forma final (50% de las veces). ¡ Cada hermano o hermana será diferente pase lo que pase !.

¿ Cuál es la expectativa de vida de una persona que tiene el Síndrome X Frágil ?

El Síndrome del X Frágil produce discapacidad mental pero se asocia a ningún problema médico significativo. Por tanto, las personas que tienen el gen del X Frágil viven una vida larga y sana, igual que los que no tienen el Síndrome.

¿ Hay cura para el Síndrome X Frágil ?

No, no hay cura –todavía. Sin embargo, las investigaciones que se están realizando tratan de comprender la función normal del gen FMR1 –qué hace exactamente, cuándo tiene que estar activo y en qué células, cómo interacciona con otras proteínas y cosas así. Una vez que podamos responder correctamente a esas preguntas, tendremos la esperanza de de comprender mejor qué ocurre cuando la proteína FMRP no está presente (que es la situación de los que tienen Síndrome X Frágil). Este conocimiento ayudará a encontrar formas posibles de tratamiento para los problemas específicos asociados al Síndrome X Frágil y posiblemente si se puede desarrollar una cura.

¿ Puedes "contigiarte" del Síndrome X Frágil ?

No, no puedes. La mutación es heredada por el hijo de una mujer portadora. Sin embargo, puede ser transmitido sin ninguna consecuencia a través de muchas generaciones en su forma inicial, que no produce ningún síntoma asociado al Síndrome X Frágil; estos portadores o portadoras no tienen ningún motivo para sospechar que llevan la mutación.

¿ Qué son esas necesidades especiales ?

"Necesidades especiales" es una frase-resumen que describe una amplia variedad de problemas. Estos pueden estar causados por uno o muchos genes, por factores ambientales, o por una combinación de muchos factores. Alrededor del 5% de la población entra dentro de esta categoría, pero este porcentaje puede ser mayor o menor dependiendo de la definición que usemos para describir "necesidades especiales" . A veces una enfermedad con "necesidades especiales" es hereditaria, pero muchas otras no.

Stephanie L. Sherman, Ph.D., es una conocida investigadora en genética que se ha especializado en el estudio del Síndrome X Frágil, del Síndrome de Down, y de otras enfermedades hereditarias. Es profesora del Departamento de Genética Humana de la Facultad de Medicina de la Universidad de Emory.

Recursos
Lugares donde se puede ampliar la información sobre el Síndrome X Frágil

FRAXA Research Foundation
45 Pleasant Street
Newburyport, MA 01950
Phone: 978-462-1866
Fax: 978-463-9985
Email: info@fraxa.org
http://www.fraxa.org

National Fragile X Foundation
P.O. Box 190488
San Francisco, CA 94119
Phone: 800-688-8765
Fax: 925-938-9315
Email: NATLFX@FragileX.org
http://www.fragilex.org

Fragile X Association of Georgia
Emory University School of Medicine
Department of Human Genetics
615 Michael Street, Suite 301
Atlanta, GA 30322
Phone: 404-727-9393
Fax: 404-727-3949
Email: fragilex@esal.org

Organizaciones que trabajan con niños con necesidades especiales

American Association for People with Disabilities
258 Main St. Suite 203
Milford, MA 01757
Phone: 508-634-3200 (V/TTY) or 866-241-3200
http://www.aapd.com

The Arc of the United States
1010 Wayne Avenue, Suite 650
Silver Spring, MD 20910
Phone: 301-565-3842
Fax: 301-565-3843
http://www.thearc.org/

Asperger Syndrome Information and Support
http://www.udel.edu/bkirby/asperger/

Autism Society of America
7910 Woodmont Avenue, Suite 300
Bethesda, MD 20814-3067
Phone: 301-657-0881 or 1-800-328-8476
Fax: 301-657-0869
Email: info@autism-society.org
http://www.autism-society.org

C.H.A.D.D.
(Children and Adults with Attention Deficit
   Disorder)
8181 Professional Place, Suite 201
Landover, MD 20785
Phone: 800-233-4050 or 310-306-7070
Fax: 301-306-7090
Email: national@chadd.com
http://www.chadd.org

Cornelia de Lange Syndrome Foundation
http://www.cdlsusa.org/

Council for the Exceptional Children (CEC)
1920 Association Drive
Reston, VA 20191
Phone: 800-232-7733 or 703-620-3660
http://www.cec.sped.org

Family Village
Waisman Center
1500 Highland Avenue
Madison, WI 53705
Phone: 608-263-5776
Email: familyvillage@waisman.wisc.edu
http://www.familyvillage.wisc.edu

International Rett Syndrome Association
http://www.rettsyndrome.org/

National Down Syndrome Congress
1370 Center Drive, Suite 102
Atlanta, GA 30338
Phone: 800-232-6372 or 770-604-9500
E-Mail: info@ndsccenter.org
http://www.ndsccenter.org

National Down Syndrome Society
666 Broadway
New York, NY 10012
Phone: 800-221-4602 or 212-460-9330
http://www.ndss.org

National Information Center for
   Children and Youth
P.O. Box 1492
Washington, D.C. 20013
Phone: 800-695-0285 (V/TTY)
Fax: 202-884-8441
Email: nichcy@aed.org
http://www.nichcy.org

Recursos

National Parent to Parent Support and
  Information System
Internet Special Education Resources
P.O. Box 907
Blue Ridge, GA 30513
Phone: 800-651-1151 (Parents) or
  706-632-8832
Fax: 706-632-8830
Email: Judd103w@wonder.em.cdc.gov
http://www.iser.com/NPPSIS-GA.html

Prader-Willi Syndrome
5700 Midnight Pass Rd.
Sarasota, FL 34242
Phone: 800-926-4797
Fax: 941-312-0142
Email: www.pwsausa.org
http://www.pwsausa.org/index.html

Presidents Committee on Mental Retardation
370 L'Enfant Promenade, SW, Suite 701
Washington, D.C. 20447
Phone: 202-619-0634
Fax: 202-2-5-9519
Email: pcmr@acf.hhs.gov
http://www.acf.dhhs.gov/programs/pcmr

Special Olympics
1325 G Street, NW Suite 500
Washington, D.C. 20005
Phone: 202-628-3630
Fax: 202-824-0200
Email: info@specialolympics.com
http://www.specialolympics.org/

Tourette Syndrome Association
Phone: 718-224-2999
http://www.tsa-usa.org/

Turner's Syndrome Society
http://www.turner-syndrome-us.org/

United Cerebral Palsy
Phone: 1-800-872-5827
Email: national@ucp.org
http://www.ucpa.org/

U.S. Department of Health and Human Services
HHH 300-F, 370 L'Enfant Promenade
Washington, D.C. 20447
Phone: 202-690-6590

Williams Syndrome Association
P.O. Box 297
Clawson, MI 48017-0297
Phone: 800-806-1871
Fax: 248-541-3631
Email: info@williams-syndrome.org
http://www.williams-syndrome.org/

Williams Syndrome Foundation
University of California
Irvine, GA 92679
Phone: 949-824-7259
Email: hlenhoff@uci.edu
http://www.williamssyndrome.org/

Recursos en internet y publicaciones

Kid Info
http://www.kidinfo.com/

Georgia Deaf-Blind Project Sibling Page
http://education.gsu.edu/georgiadeafblindproj/SIB%20WEB%20PAGE.htm

Sibling Support Project
http://www.thearc.org/siblingsupport/

Special Child
http://www.specialchild.com/

Special Families Resource Center
http://www.specialfamilies.com/special_siblings.htm

Supporting Transition Age Youth with Disabilities
http://www.transitionlink.com

Exceptional Parent Magazine
http://eparent.com

Parent Magazine
http://parents.com

Entra en nuestra página web
http://wwww.myextraspecialsibling.com

Álbum de fotos

En las páginas siguientes hay fotos de Scott con su familia y con sus amigos. Estas fotografías captan muchas de las actividades divertidas y las personas importantes en su vida. También muestran la felicidad que le da a otros cada día.

Esperamos que estas fotografías reaviven los recuerdos maravillosos que tú también compartiste con tu hermano o hermana. Recuerda, el tiempo que has pasado con tu familia y amigos no tiene precio.

Mi hermano eXtra especial

La familia Heyman al completo sentada en la escalera. Desde arriba y en el sentido de las agujas del reloj: Jared, Carly (yo), Gail (mamá), Lady, Scott, y Lyons (papá).

Scott- ¿ quién puede resistirse a una sonrisa tan adorable ?

Stephanie, nuestra magnífica dibujante, con Scott en la fiesta de fin de curso de la promoción.

Album de fotos

Celebrando los logros de Scott.

A Scott le encanta jugar a los bolos -¡ observad qué gran estilo !

Mi hermano eXtra especial

De izquierda a derecha: Scott, mamá, y Jared. Yo estoy delante, con Dominique en mi hombro.

Scott y su amigo, Russell, juntos en un partido de baloncesto del instituto.

Album de fotos

Paul, Russell, y Scott, buenos amigos desde la escuela primaria.

Paul y Scott, volviendo de su velada de lucha libre favorita.

Mi hermano eXtra especial

Scott y yo disfrutando de un día al aire libre.

Tía Janet y mamá despidiendo a sus tres niños eXtra-especiales - Scott, Alan y Todd – antes de irse de campamento.

Album de fotos

Tres primos eXtra-especiales: Scott, Todd, y Alan.

Tres primos eXtra-speciales, ¡ ya mayores y todavía colegas...!

Mi hermano eXtra especial

"Un momento Papá – ¡ que estoy hablando por teléfono !"

Harry, el entrenador, felicita a Scott.

¡ Mi hermano ganador de la medalla de oro !

Album de fotos

Nuestros primos eXtraordinarios en Hilton Head durante nuestra reunión familiar en el Día de Acción de Gracias.

Aquí estamos de nuevo, Scott está de pie a la izquierda; yo estoy sentada a la izquierda.

Mi hermano eXtra especial

La "agachada Scott" es una posición perfecta para coger la pelota.

Scott, feliz, conduciendo el barco.

Scott disfrutando remando en el río.

Album de fotos

Scott de pequeño y Trey - ¡ qué pareja !

Scott y yo, haciendo una cara – ¡ en una calabaza !

Nuestra eXcepcional familia al completo – siempre juntos.

Mi hermano eXtra especial

Scott, exultante, abraza a Papá al volver del campamento Barney.

Todos los miembros de la familia tenemos una estrecha relación con Scott. IZQUIERDA: Jared con su hermano pequeño. DERECHA: Mamá leyendo un cuento a Scott.

Album de fotos

No siempre es fácil mantenerse fresco en Georgia; ¡ incluso para estos tres primos tan "frescos" !

Todos hacemos alguna locura alguna vez – ¡ y aquí estamos, disfrutando el momento !

Mi hermano eXtra especial

Mi eXcelente hermano y yo.

Las chicas del equipo de baloncesto del Instituto Wheeler. Scott, un encargado fiel durante cuatro años, está tumbado a la derecha de la foto.

Album de fotos

¡ Adoro a mi hermano !

Stephanie y Scott.

Mi Hermano eXtra Especial

Favoritos fabulosos

Esta página te ayudará a ti y a tu hermano o hermana a aprender más uno del otro. Primero, escribe tus favoritos, y luego compáralos con los que ha puesto tu hermano o hermana. O, si os atrevéis a intentarlo, intentar escribir las respuestas del otro.

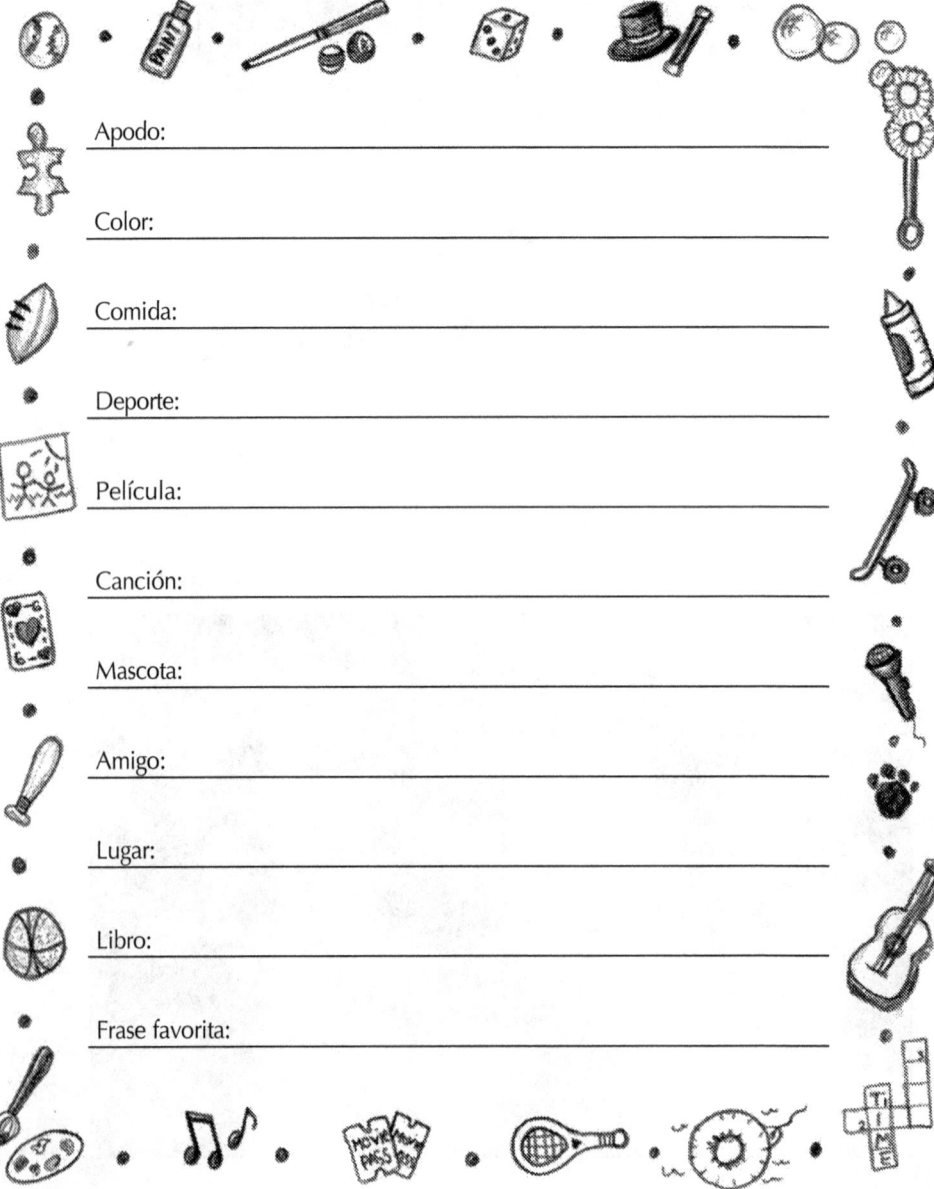

Apodo: _____

Color: _____

Comida: _____

Deporte: _____

Película: _____

Canción: _____

Mascota: _____

Amigo: _____

Lugar: _____

Libro: _____

Frase favorita: _____

Favoritos fabulosos

Esta página te ayudará a ti y a tu hermano o hermana a aprender más uno del otro. Primero, escribe tus favoritos, y luego compáralos con los que ha puesto tu hermano o hermana. O, si os atrevéis a intentarlo, intentar escribir las respuestas del otro.

Apodo:

Color:

Comida:

Deporte:

Película:

Canción:

Mascota:

Amigo:

Lugar:

Libro:

Frase favorita:

Mi Hermano eXtra Especial

Historias locas de hermanos

He compartido con vosotros muchas de mis "historias locas" con Scott – Ahora te toca a ti escribir tus propias historias locas de hermanos. Utiliza el espacio que hay debajo para escribir las experiencias divertidas que has compartido con tu hermano o hermana.

Historias locas de hermanos

He compartido con vosotros muchas de mis "historias locas" con Scott – Ahora te toca a ti escribir tus propias historias locas de hermanos. Utiliza el espacio que hay debajo para escribir las experiencias divertidas que has compartido con tu hermano o hermana.

Mi Hermano eXtra Especial

Actividades increíbles

En esta página escribe las actividades increíbles de las que has disfrutado con tu hermano o hermana. Una de los mayores placeres de la vida es pasar tiempo con tu familia, así que ¡ tómate un momento para recordar los buenos tiempos !

Actividades increíbles

En esta página escribe las actividades increíbles de las que has disfrutado con tu hermano o hermana. Una de los mayores placeres de la vida es pasar tiempo con tu familia, así que ¡ tómate un momento para recordar los buenos tiempos !

Mi Hermano eXtra Especial

Exitos de tu hermano o hermana

Ha habido cientos de ocasiones en las que nuestro hermano o hermana nos ha impresionado. En esta página escribe los momentos en los que han hecho algo importante ¡ y que no quieres olvidar !

Exitos de tu hermano o hermana

Ha habido cientos de ocasiones en las que nuestro hermano o hermana nos ha impresionado. En esta página escribe los momentos en los que han hecho algo importante ¡ y que no quieres olvidar !

Manos felices

¿ Qué mano es más grande ? En estas páginas dibujar el contorno de vuestras manos (cada uno las del otro) y compararlas. Luego escribir vuestro nombre y edad y así podréis recordar siempre este momento. (Si tu mano es demasiado grande y no cabe en esta página, puedes usar una hoja de papel normal).

Manos felices

¿ Qué mano es más grande ? En estas páginas dibujar el contorno de vuestras manos (cada uno las del otro) y compararlas. Luego escribir vuestro nombre y edad y así podréis recordar siempre este momento. (Si tu mano es demasiado grande y no cabe en esta página, puedes usar una hoja de papel normal).

Mi Hermano eXtra Especial

Fotos perfectas

Las fotografías son perfectas para inmortalizar algunos de los muchos momentos felices que has compartido con tu hermano o hermana. Pega aquí alguna de tus fotos favoritas de tu hermano o hermana para que ambos recordéis vuestra especial relación. Luego escribe algunas de tus impresiones.

Fotos perfectas

Las fotografías son perfectas para inmortalizar algunos de los muchos momentos felices que has compartido con tu hermano o hermana. Pega aquí alguna de tus fotos favoritas de tu hermano o hermana para que ambos recordéis vuestra especial relación. Luego escribe algunas de tus impresiones.

Mi Hermano eXtra Especial

Fotos perfectas

Las fotografías son perfectas para inmortalizar algunos de los muchos momentos felices que has compartido con tu hermano o hermana. Pega aquí alguna de tus fotos favoritas de tu hermano o hermana para que ambos recordéis vuestra especial relación. Luego escribe algunas de tus impresiones.

Fotos perfectas

Las fotografías son perfectas para inmortalizar algunos de los muchos momentos felices que has compartido con tu hermano o hermana. Pega aquí alguna de tus fotos favoritas de tu hermano o hermana para que ambos recordéis vuestra especial relación. Luego escribe algunas de tus impresiones.

Impreso en los Estados Unidos

www.ingramcontent.com/pod-product-compliance
Lightning Source LLC
Chambersburg PA
CBHW071625170426
43195CB00038B/2131